국립중앙박물관

그래? 그래! 개 정 판 고구려

go go! 체험학습 개정판

나는 박물관이 좋다 ❶ 그래? 그래! 고구려

© 즐거운학교 · 오명숙 2007

1판 발행 _2002년 1월 31일 ǀ 개정판 발행 _2007년 3월 30일

기획 _즐거운학교 ǀ 글 _오명숙 ǀ 그림 _박동국 ǀ 캐릭터 _김상민

책임편집 _윤석기 최윤미 석혜란 정혜경 ǀ 디자인 _정연화

펴낸이 _강병선 ǀ 펴낸곳 _(주)문학동네 ǀ 출판등록 _1993년 10월 22일 제406-2003-000045호

주소 _413-756 경기도 파주시 교하읍 문발리 파주출판도시 513-8

전자우편 _kids@munhak.com ǀ 홈페이지 _www.kids.munhak.com

전화 _(031)955-8888 ǀ 전송 _(031)955-8855

ISBN _978-89-546-0293-8 64000 ǀ 978-89-546-0223-5 64000(세트)

이 도서의 국립중앙도서관 출판시도서목록(CIP)은 e-CIP 홈페이지(http://www.nl.go.kr/cip.php)에서
이용하실 수 있습니다.(CIP제어번호: CIP2007000894)

go go! 체험 학습

나는 박물관이 좋다 ①

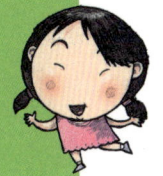

개 정 판

그래? 그래!

고구려

국립중앙박물관

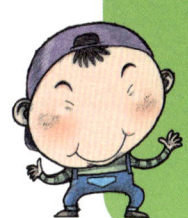

기획 · 즐거운학교
글 · 오명숙
그림 · 박동국

문학동네

놀이공원보다 재미있는 박물관?

박물관에 가 본 적이 있지요? 어떤 박물관에 가서 무엇을 보고 왔나요? 다녀온 후에 또 가고 싶었나요? 아니면 너무 지루했나요?

많은 어린이들이 박물관은 재미없는 곳이라고 말해요. 정말 그럴까요? 놀이공원처럼 신나는 놀이기구나 맛있는 먹을거리가 있는 건 아니지만, 박물관에는 박물관에서만 느낄 수 있는 또 다른 재미가 있답니다. 마음껏 상상할 수 있는 재미 말이에요.

옛날 사람들도 우리와 같은 옷을 입었을까? 그 때는 무엇을 먹었을까? 무얼 가지고 놀았을까? 다른 나라와 전쟁을 할 때는 어떤 꾀를 쓰고 어떤 무기를 이용해 싸웠을까?

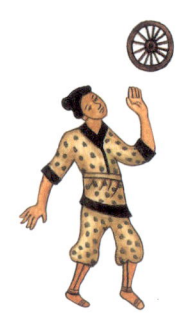
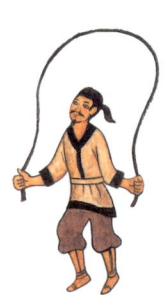
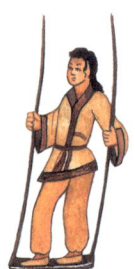
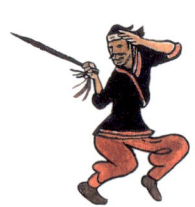

박물관에 전시된 많은 유물들을 보면서 우리 조상들의 모습을 상상해 보세요. 친구들과 서로 자기의 생각을 이야기해 보면 아주 재미있을 거예요.

이 책은 국립중앙박물관으로 체험학습을 떠나는 어린이들이 고구려실에 전시된 유물을 보면서 고구려에 대한 다양한 지식과 역사를 함께 공부할 수 있게 했어요.

이 책을 통해 고구려 사람들의 다양한 생활과 문화를 배우고, 역사상 가장 강했던 우리 조상들의 웅장한 기운을 느껴 보세요. 무심코 지나칠 수 있는 작은 쇳덩어리 속에 담긴 유구한 역사의 흔적을 느낄 수 있을 거예요. '아, 그렇구나!' 하는 감탄사를 터뜨리게 될 걸요?

지금부터 놀이공원처럼 신나는 고구려 여행을 떠나 보세요.

글쓴이 오명숙

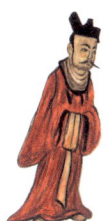
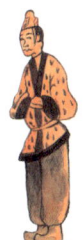
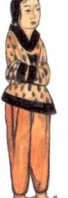
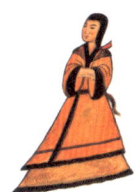

차 례

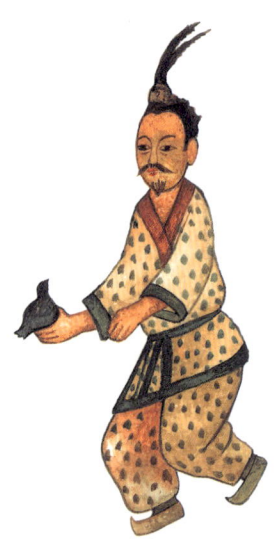

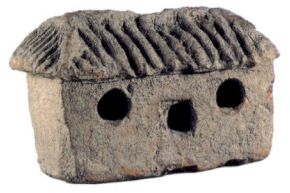

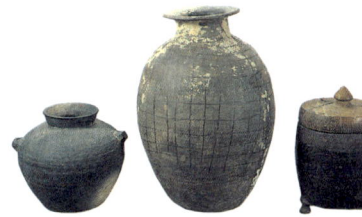

국립중앙박물관 전시실 배치도

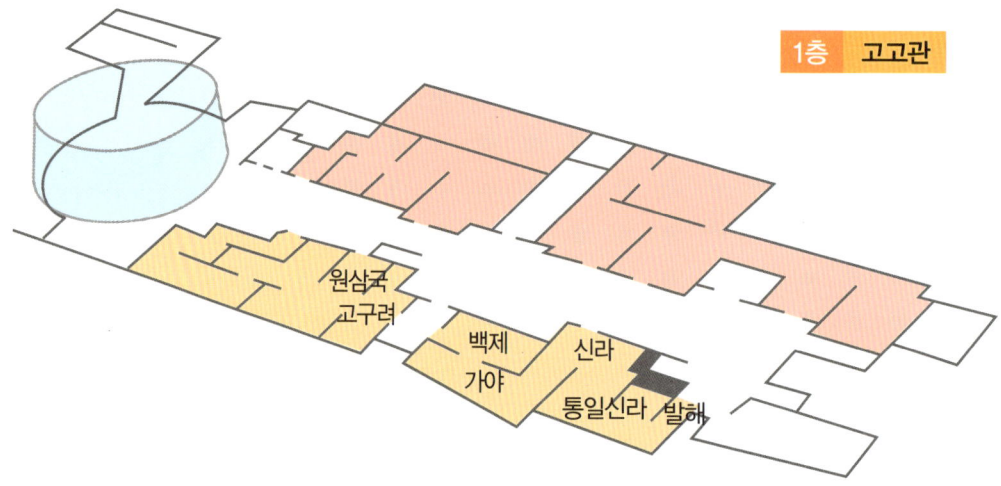

1층 고고관

원삼국
고구려

백제
가야

신라

통일신라 발해

고고관 내 고구려실 배치도

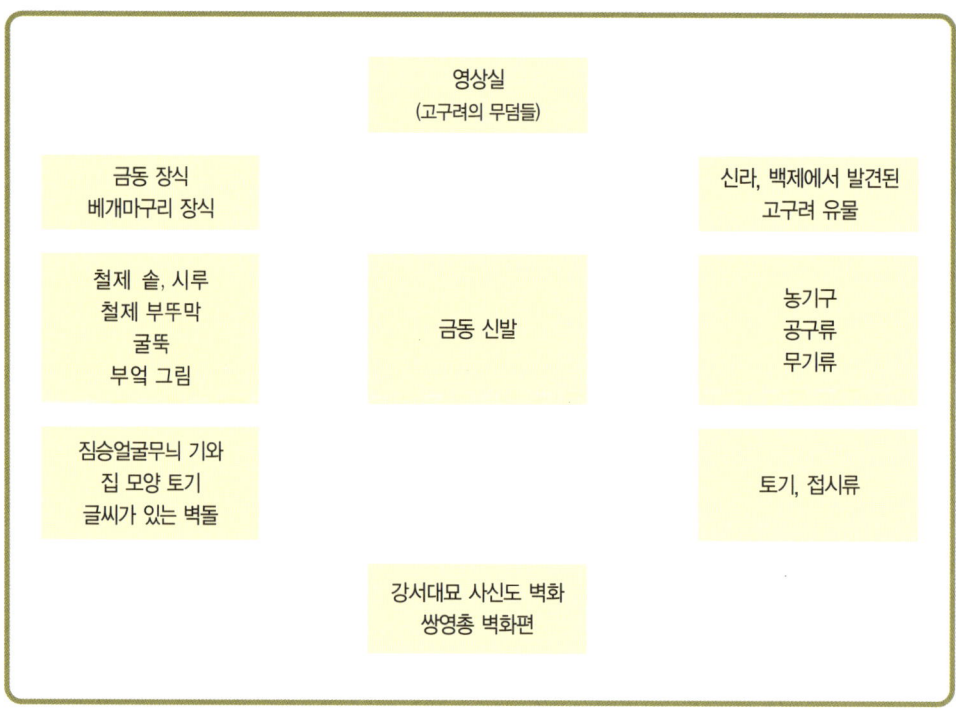

영상실
(고구려의 무덤들)

금동 장식
베개마구리 장식

신라, 백제에서 발견된
고구려 유물

철제 솥, 시루
철제 부뚜막
굴뚝
부엌 그림

금동 신발

농기구
공구류
무기류

짐승얼굴무늬 기와
집 모양 토기
글씨가 있는 벽돌

토기, 접시류

강서대묘 사신도 벽화
쌍영총 벽화편

* 더 살펴볼 곳 : 1층 금석문실 - 광개토대왕릉비 탁본, 2층 기증실 - 이우찌 기와 전시실

고구려의 탄생

하느님의 아들인 해모수는 아버지의 명을 받고 지상으로 내려와 나랏일을 보살피게 되었어요. 해모수는 아름다운 음악이 들리는 오색구름에 둘러싸여 다섯 마리의 용이 끄는 수레를 타고 내려왔어요. 해모수는 까마귀 깃털로 만든 관을 쓰고 광채가 나는 칼을 차고 있었는데, 흰 고니를 탄 여인들이 그의 시중을 들었어요.

웅심산에서 열흘 정도 머물다 부여의 도읍터로 내려온 해모수는 맑은 강에서 놀고 있는 물의 신 하백의 딸들과 만나게 되었어요. 큰딸은 유화, 작은딸은 훤화, 막내딸은 위화였는데 세 딸 모두 매우 아름다웠지요. 세 여인을 본 해모수

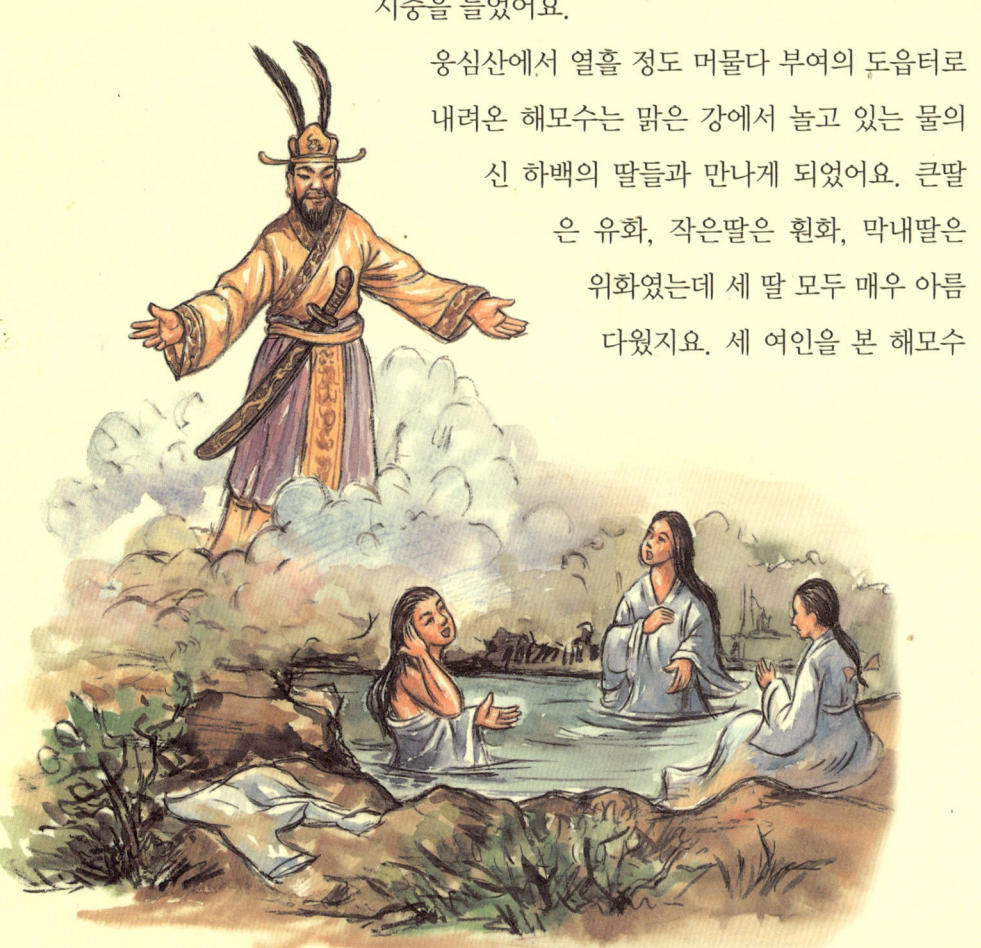

는 그 중 한 명이 자기 왕비가 되었으면 좋겠다고 생각했어요. 해모수는 말 채찍으로 땅을 그어 방을 만들고 술을 마련했어요. 그러고는 세 여인에게 술을 대접하고 취하게 했어요. 여인들이 집으로 돌아가려 하자, 해모수는 큰딸인 유화를 가지 말라며 붙들었어요.

집에 돌아온 두 딸의 이야기를 들은 하백은 불같이 화를 냈어요.

"너는 누구인데 내 딸을 붙들어 놓았는가?" 하고 묻자, 해모수는 자신을 소개하며 유화와의 결혼을 허락해 달라고 했어요.

"그대가 하느님의 아들로 내 딸에게 구혼을 하려 한다면 마땅히 중매인을 보내야 할 텐데, 갑자기 내 딸을 붙잡아 둔 것은 실례가 아닌가?"

하백은 해모수의 행동을 못마땅해 했어요. 하지만 결국 유화와 해모수가

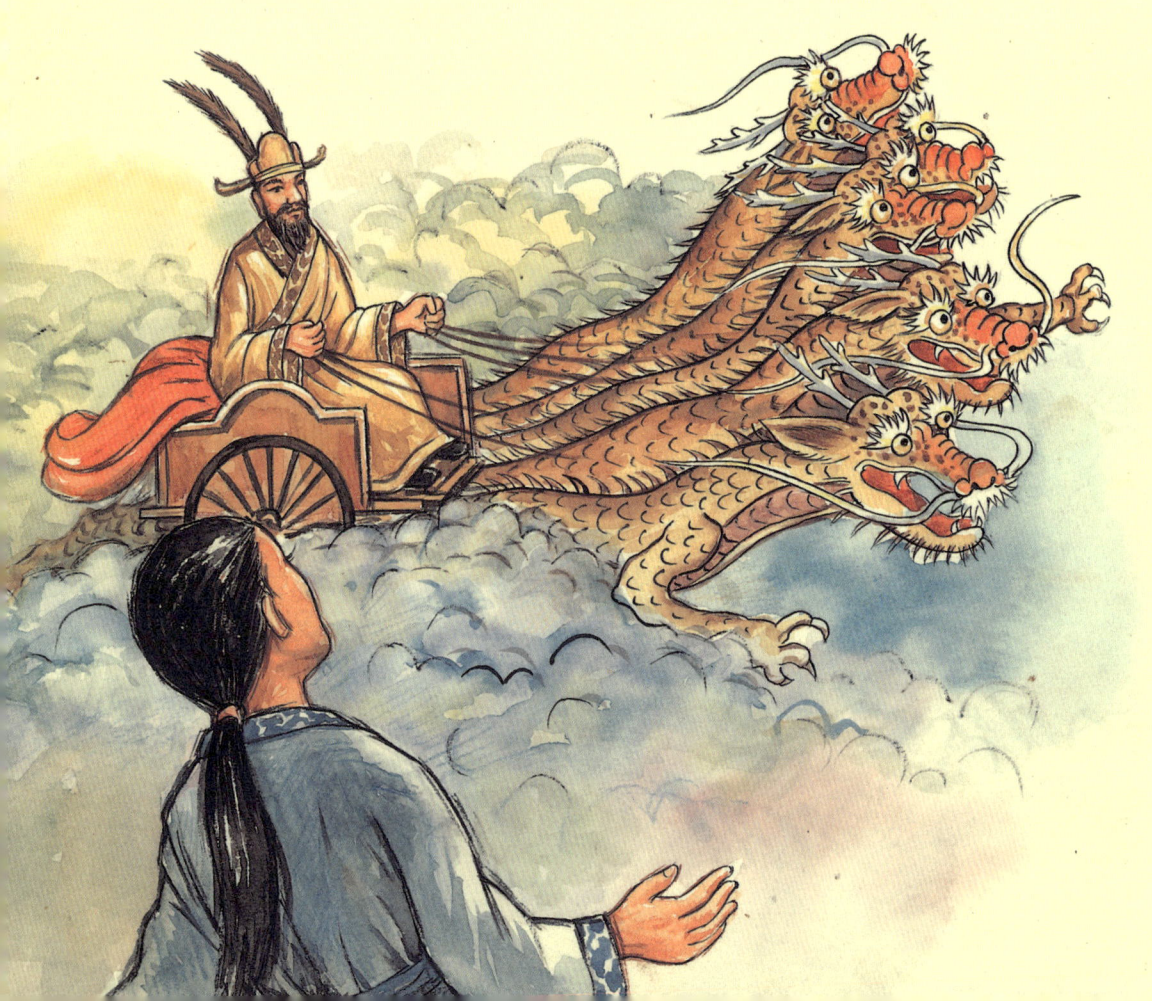

서로 좋아하는 것을 알고 결혼을 허락하기로 했지요. 해모수와 유화가 다섯 마리의 용이 끄는 수레를 타고 하백의 궁전에 도착했어요. 이들을 맞이한 하백은 해모수의 능력을 시험해 보기로 했어요.

"해모수! 그대가 하느님의 아들이라면 사람의 능력을 넘어서는 신기한 능력이 있는가? 나와 한번 겨루어 보세."

잠시 후, 하백이 뜰 앞에서 잉어로 변하자 해모수는 수달이 되어 잉어를 잡았어요. 하백이 다시 사슴이 되어 달아나자 해모수는 늑대가 되어 사슴을 쫓았어요. 하백이 꿩으로 변하자 해모수는 매가 되었어요.

"그대는 하느님의 아들이 틀림없군. 내 딸 유화와 결혼해도 좋소."

하백은 해모수에게 많은 음식과 술을 권하여 취하게 했어요. 해모수가 하느님의 아들이라는 사실을 알게 되자, 유화를 어서 하늘나라로 보내고 싶었거든요. 하백은 술에 취한 해모수와 유화를 가죽 수레에 태우고 다섯 마리의 용을 재촉했어요. 술에서 깨어난 해모수는 유화와 함께 하늘나라로 가고 있다는 걸 알았어요. 갑자기 마음이 변한 해모수는 유화의 황금 비녀를 뽑아 가죽 수레에 구멍을 뚫고 혼자 하늘나라로 가 버렸어요.

유화가 혼자 집으로 돌아오자 하백은 크게 화를 내며 유화에게 말했어요.

"너는 내 가르침을 따르지 않고 가문을 욕되게 했다. 그 벌로 네 입술을 삼 척으로 늘려야겠다. 노비 둘을 데리고 우발수에 가서 살아라."

우발수로 귀양 온 유화는 바다를 떠다니다가 금와왕이 다스리는 나라로 오게 되었어요. 그리고 한 어부의 쇠그물에 걸려 금와왕에게 바쳐졌어요. 금와왕은 긴 입술을 가진 유화가 해모수의 아내였다는 걸 알아차리고 긴 입술을 잘라 주었어요. 그리고 유화를 별궁에서 지내게 했어요.

그런데 이상한 일이 벌어졌어요. 햇빛이 유화를 쫓아다니며 비추더니 유화는 임신을 하게 되었어요. 얼마 후 유화는 왼편 겨드랑이로 알을 낳았어요. 금와왕은 사람이 새처럼 알을 낳는 것은 좋은 일이 아니니 알을 밖에 내다 버리라고 했어요. 그런데 알을 마구간에 버리면 말들이 알을 밟지 않고 피해 다니고, 깊은 산에 버리면 새들이 알을 보호했어요. 구름 낀 날에도 알에는 언제나 햇빛이 비추었어요.

이야기를 들은 금와왕은 알을 집으로 다시 가져와 유화에게 돌려주었어요. 한 달이 지나자 알을 깨고 한 사내아이가 태어났어요. 그 아이는 한 달이 되기 전에 말을 하더니, 조금 더 자라자 혼자 갈대로 피리를 만들어 불고 활도 잘 쏘았어요. 그래서 이름을 '활 잘 쏘는 사람'이라는 뜻을 지닌 주몽이라 지었어요.

금와왕에겐 일곱 명의 아들이 있었지만 활 쏘는 솜씨는 주몽이 가장 뛰어났어요. 주몽을 시기한 맏아들은 금와왕에게 주몽을 없애자고 했어요. 그렇지만 금와왕은 주몽을 목장으로 보내 말 기르는 일을 하게 했어요.

주몽은 어머니에게 말했어요.

"어머니, 저는 하느님의 손자이고 물의 신 하백의 외손입니다. 이대로 살 수는 없습니다. 남쪽 땅에 가서 나라를 세우겠습니다."

이 말을 들은 어머니는 마구간으로 가서 채찍으로 말들을 때렸어요. 놀라서 날뛰는 말 중에 두 길이나 되는 울타리를 훌쩍 뛰어넘는 말이 있었어요. 주몽은 어머니가 시키는 대로 그 말의 혀끝에 바늘을 꽂아 놓았어요. 혀끝에 꽂힌 바늘 때문에 먹이를 제대로 먹지 못한 말은 바짝 여위었어요.

어느 날 금와왕이 목장으로 와서 주몽이 키운 말들을 살펴보았어요.

"말들이 모두 살이 쪘구나. 열심히 일해 주어 기쁘구나. 상으로 말 한 마리를 주겠다."

그러더니 가장 볼품없는 마른 말을 주몽에게 주었어요.

'이젠 됐다. 바늘을 뽑고 잘 먹여야지. 말이 살이 찌면 나를 따르는 사람들과 함께 남쪽으로 가는 거야.'

주몽은 생각했어요.

다른 왕자들과 신하들이 자신을 죽이려고 하는 것을 눈치 챈 주몽은 궁궐 밖으로 도망쳤어요. 그러다가 커다란 강에 이르러 오도 가도 못 하게 되자 주몽이 강물을 향해 말했어요.

"하느님! 나는 당신의 손자이며 하백의 외손인 주몽입니다. 저 강을 어떻게 건너야 합니까?"

주몽은 활로 강물을 쳐 보았어요. 그랬더니 물고기와 자라가 다리를 놓아 주었어요. 물고기와 자라가 만든 다리는 주몽이 강을 건너자마자 사라졌고, 주몽은 쫓아오던 사람들을 따돌릴 수 있었어요.

큰 나무 아래에서 잠시 쉬고 있는 주몽에게 비둘기 한 마리가 날아왔어요. 이 비둘기는 어머니의 심부름으로 곡식의 씨앗을 가지고 온 거였어요. 주몽은 비둘기의 배를 가른 뒤 몸 속에서 씨앗을 꺼냈어요. 그리고 죽은 비둘기에게 물을 뿌려 살아나게 한 다음 어머니에게 되돌려 보냈어요.

주몽은 그 씨앗을 가지고 가서 졸본에 고구려를 세웠답니다.

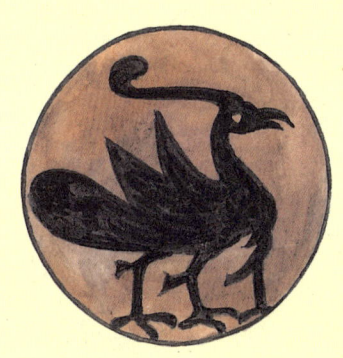

1 고구려로 떠나요

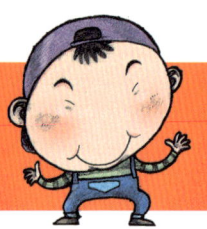

1. 고구려를 다스린 사람들

고구려를 세운 주몽은 부여의 왕자였어요. 하지만 부여에서는 자신의 뜻을 펼칠 수 없었기 때문에 자기를 따르는 사람들을 이끌고 부여를 떠났지요. 부여를 떠난 주몽이 졸본에 도읍을 정하고 세운 나라가 고구려예요. 그래서 고구려를 졸본 부여라고도 부른답니다. 주몽은 동명성왕으로 불리며 11년 동안 나라를 다스렸어요.

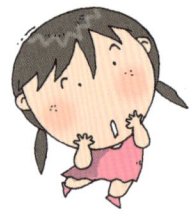

졸본이 어디예요?

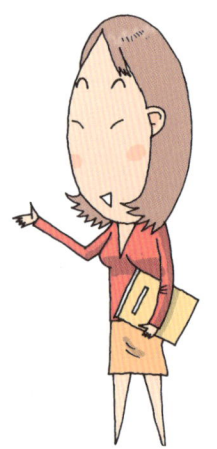

지금 중국의 환인 현 근처로 추측된단다.

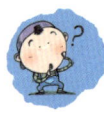 전시실에 있는 고구려 연대표를 보고 빈 칸에 알맞은 왕의 이름을 써 넣으세요.

1. _____ (기원전 37~기원전 19) 졸본에 고구려를 세움	**2. 유리왕** (기원전 19~18) 수도를 국내성으로 옮김	**3. 대무신왕** (18~44) 낙랑군을 정벌	**4. 민중왕** (44~48)
5. 모본왕 (48~53) 정사를 돌보지 않아 신하 두노에게 시해됨	**6.** _____ (53~146) 영토를 확장하고 중앙집권제의 기틀을 마련	**7. 차대왕** (146~165) 횡포와 학정을 일삼다가 시해됨	**8. 신대왕** (165~179) 차대왕이 시해된 후 왕위에 오름
9. 고국천왕 (179~197) 빈민 구제책으로 진대법을 실시	**10. 산상왕** (197~227)	**11. 동천왕(동양왕)** (227~248) 신라와 가까이 지냄	**12. 중천왕** (248~270)
13. 서천왕 (270~292)	**14. 봉상왕** (292~300) 연나라의 침입을 격퇴. 국상에게 폐위 당함	**15. 미천왕** (300~331) 현도군을 공격하는 등 영토를 확장함	**16. 고국원왕(국양왕)** (331~371) 백제 근초고왕과 평양에서 싸우다 전사
17. _____ (371~384) 최초로 불교를 들여옴	**18. 고국양왕** (384~391) 요동과 백제를 정벌하여 국토를 넓힘	**19.** _____ (391~413) 만주와 한강 이북까지 영토를 넓힘	**20. 장수왕** (413~491) 도읍을 평양으로 옮기고 남하 정책을 펼침
21. 문자명왕 (491~519) 부여, 신라, 백제를 침공하여 영토를 넓힘	**22. 안장왕** (519~531) 백제와 두 차례 싸움	**23. 안원왕** (531~545) 양나라, 동위와 수교	**24. 양원왕** (545~559) 신라, 백제에게 한강 유역을 잃음
25. 평원왕 (559~590) 온달 장군의 장인. 중국의 진, 수, 등과 수교	**26.** _____ (590~618) 을지문덕 장군이 수나라의 113만 대군을 무찌름	**27. 영류왕** (618~642) 도교를 받아들임. 연개소문에게 살해당함	**28. 보장왕** (642~668) 나·당 연합군의 공격을 받아 멸망

정답 1. 동명성왕(주몽), 6. 태조왕(국조왕), 17. 소수림왕, 19. 광개토대왕, 26. 영양왕

왕의 행차

호위병들에 둘러싸여 나들이를 가는 왕의 모습이에요. 왕들은 행차를 나갈 때 굉장히 많은 신하들을 거느리고 나갔어요. 이런 행차는 왕의 권위와 힘을 상징하는 것이기도 했어요. 사진을 보고 행차를 나선 사람들이 어떤 순서로

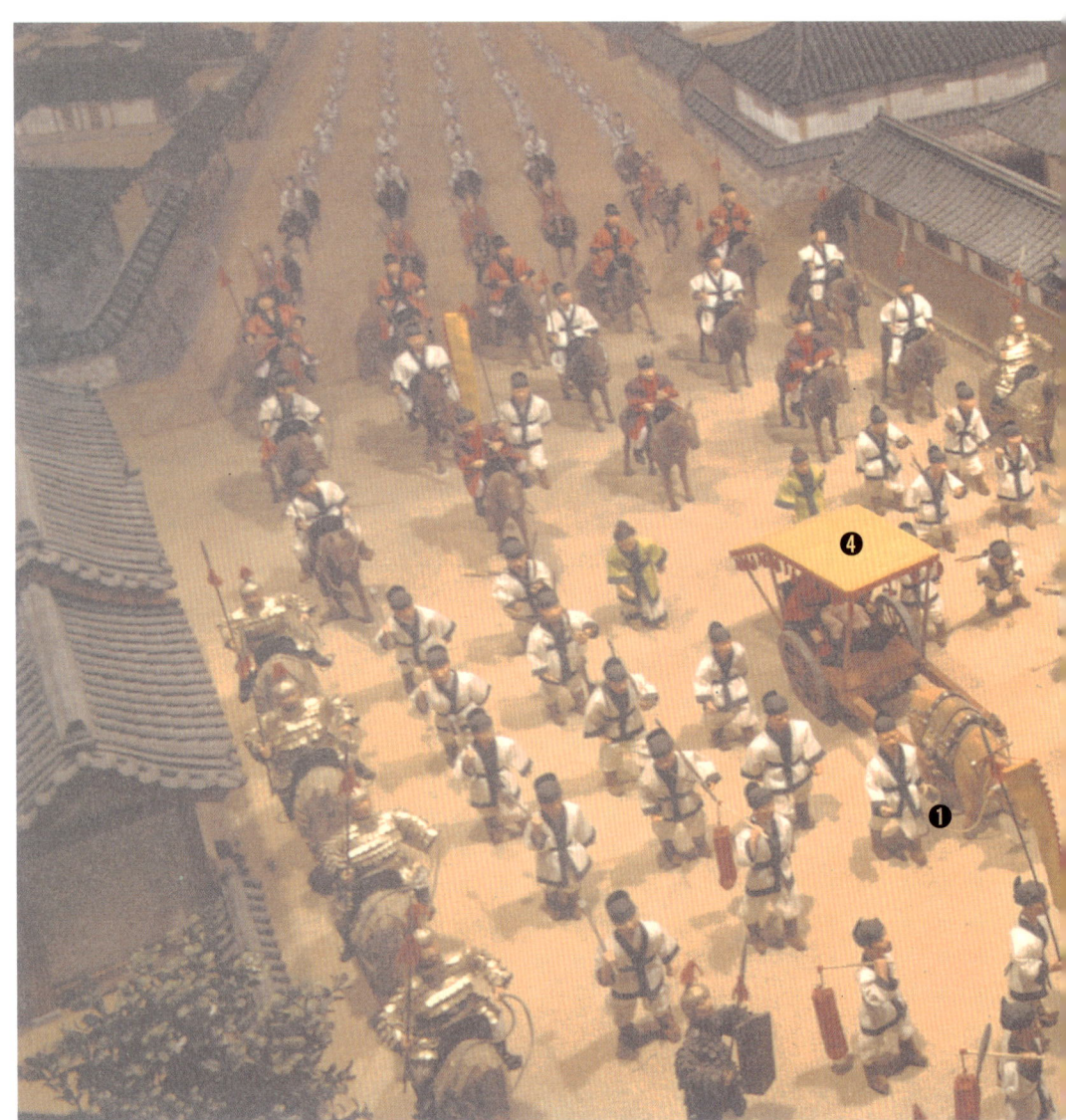

서 있는지, 갑옷을 입은 병사들은 어디에 있는지 살펴보세요.

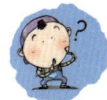 왕을 찾아보세요. ❶~❹ 중 왕은 누구일까요?

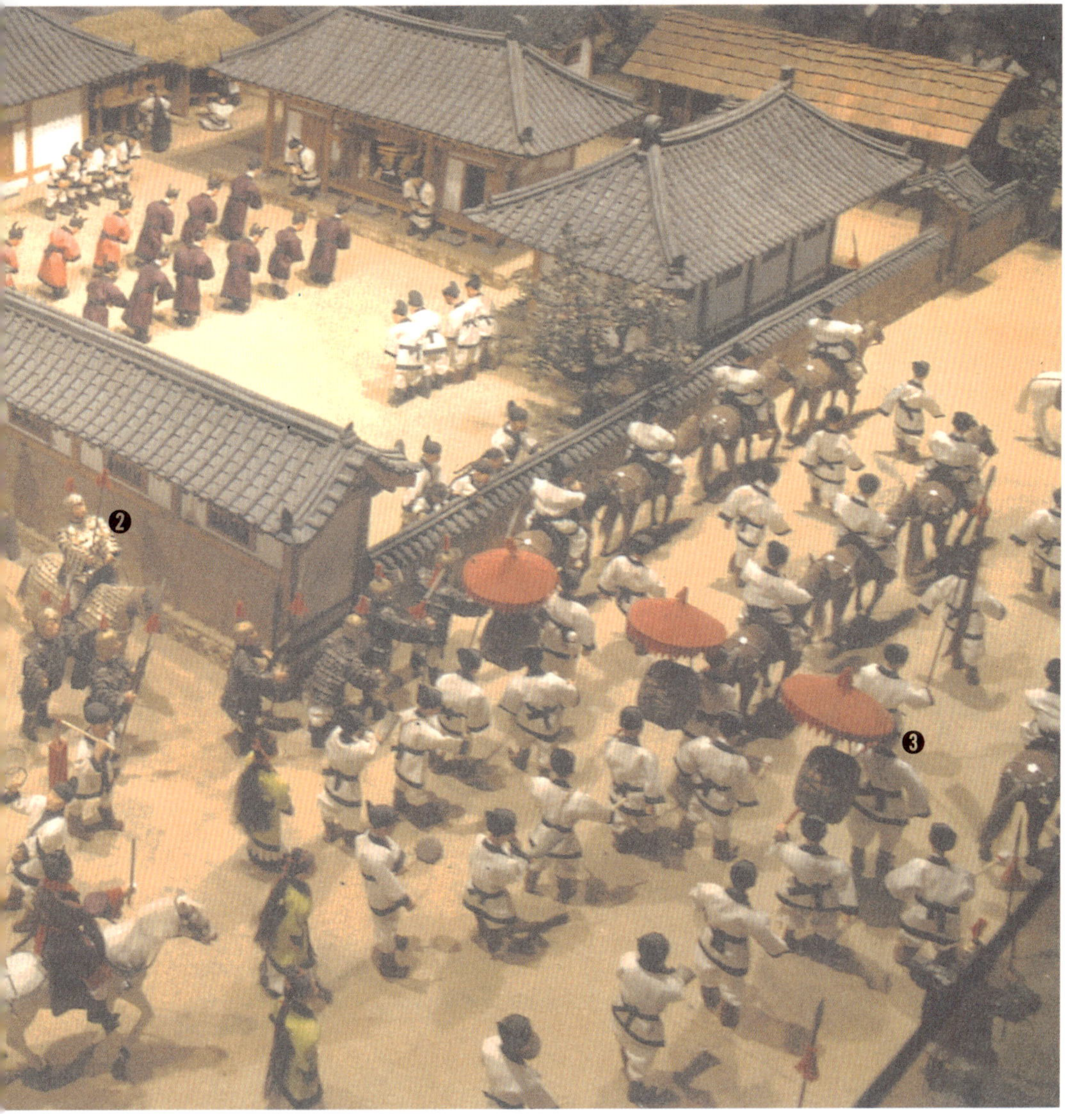

정조 화성행차도 중 환어행렬도

정답 ❹

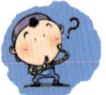 1. 왕을 호위하는 사람들은 누구누구일까요? 그림을 보고 알맞은 신분을 보기에서 찾아 써 보세요.

| 보기 | 우차몰이꾼 | 군인 | 악사 |

❶_____   ❷_____   ❸_____

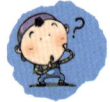 2. 신분이 가장 높은 사람은 어떤 색깔의 옷을 입었나요?

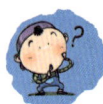 3. 왕 앞에서는 어떤 놀이를 하고 있나요?
❶ 공중에 굴렁쇠 던지고 받기
❷ 여러 개의 공과 막대 던져 받기
❸ 높은 나무 다리 위에 올라서서 걷기
❹ 물구나무서서 걷기

판판하게 포장된 도로

고구려의 도로는 아주 넓어서 많은 사람들이 지나다닐 수 있었어요. 그리고 수레가 덜컹거리지 않도록 도로를 판판한 돌로 포장했어요. 왜 이렇게 도로를 넓게 만들고 수레도 많이 끌고 다녔을까요?

그것은 지방에서 생산되는 철과 곡식들을 궁궐로 옮기고 다른 나라에 팔 물건을 운반하기 위해서였어요. 길을 넓게 만들고 탄탄하게 포장해 놓은 덕분에 고구려는 오랫동안 부강함을 유지할 수 있었대요.

정답 1. ❶ 우차몰이꾼 ❷ 군인 ❸ 악사 / 2. 붉은색 / 3. ❶

행차에 빠지지 않는 수레

사람이 타는 수레는 남자용, 여자용 두 종류가 있어요. 남자들이 탄 수레는 누가 탔는지 밖에서 다 볼 수 있었지만, 여자들이 탄 수레는 지붕이 있고 양쪽 바퀴 윗부분도 가려져 있어 누가 탔는지 안을 들여다볼 수 없게 했어요. 타는 방법도 달랐어요. 남자는 앞으로 올라탔고, 여자는 뒤쪽에서 가림막을 헤치고 올라탔어요. 수레를 끌 때는 말보다는 소를 이용했다고 해요.

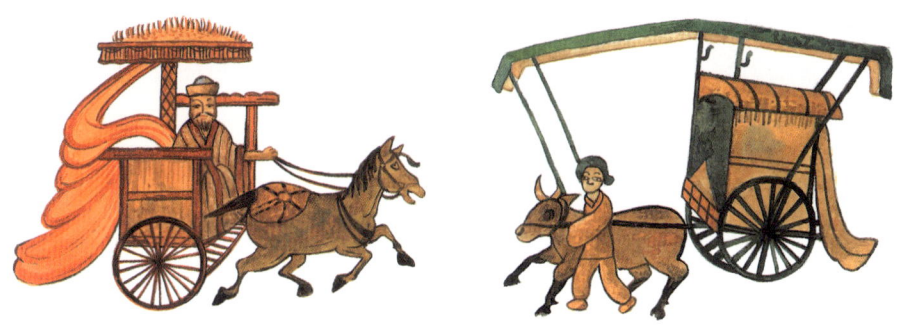

수레를 타고 왕의 행차를 따라가 볼까요? 다음 수레 승차표에 출발지를 쓰고 가고 싶은 곳과 수레를 고르세요. 졸본성까지 가는 사람은 값이 가장 많이 나가는 물건을 내고, 평양성까지 가는 사람은 값이 가장 적게 나가는 물건을 내면 돼요.

수레 승차표

출발지			
도착지	졸본성	국내성	평양성
수레의 종류	남자용	여자용	
요금	조 3되	명주 1필	명도전 10냥

귀띔) 값이 가장 많이 나가는 물건 순서 : 명도전 10냥 > 명주 1필 > 조 3되

2. 고구려를 대표하는 것들

나라를 지키는 수호신 세 발 까마귀

고구려에는 지금 우리나라의 태극기처럼 나라를 대표하는 문양이 있었어요. 바로 삼족오라고 하는 세 발 까마귀이지요. 고구려 사람들은 뛰어난 능력을 지닌 세 발 까마귀가 나라를 지켜 준다고 믿었어요.

해뚫음무늬 금동 장식 베개마구리에는 네 마리의 상상의 동물이 새겨져 있어요. 중앙의 둥근 테두리 안에는 해를 상징하는 세 발 까마귀가 있고, 봉황과 두 마리의 용이 있어요. 뒷면에 비단벌레의 날개를 깔고 나무판을 덧대어 붙여 문양을 더욱 돋보이게 했지요.

세 발 까마귀와 봉황, 새의 깃털 모양이 장식된 유물들을 통해 고구려 사람들은 하늘의 태양과 새를 숭배했다는 것을 알 수 있어요. 태양이나 새 같은 사물이나 동물을 숭배하는 사상을 샤머니즘이라고 하는데, 이것들이 모두 합해져서 세 발 까마귀의 모습이 탄생했어요.

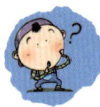 1. 유물 속에 숨어 있는 세 발 까마귀를 찾아 그려 보세요.

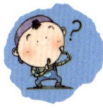 2. 해뚫음무늬 금동 장식 베개마구리를 보면 둥근 원 안에 세 발 까마귀 말고도 위쪽과 아래쪽에 각각 상상의 동물이 있어요. 어떤 것이 있는지 자세히 관찰한 뒤 선으로 이어 보세요.

위쪽 ● 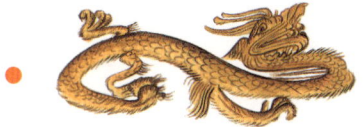 ●

아래쪽 ● 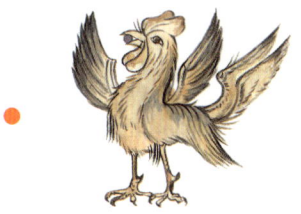 ●

황금으로 만든 장신구

고구려의 장신구는 금동으로 된 것들이 많아요. 고구려의 귀족들이 황금을 좋아했거든요. 고구려는 4세기 이후 금속 공예 문화가 크게 발전했어요. 귀걸이는 5세기 전후에 유행했는데, 처음에는 단순한 모양이었다가 점점 커지고 화려해졌지요. 굵은 고리에 작은 고리를 여러 개 늘어뜨린 모양이 많아요.

3. 전시된 장신구들 중에서 금동이 아니라 금으로만 만들어진 것은 무엇인가요?

정답 2. 위쪽-용용, 아래쪽-봉황 / 3. 귀걸이

금동 신발

평양 대성산성에서 발견된 금동 신발은 신발 바닥에 못이 많이 박혀 있어요. 겉모양은 배의 갑판처럼 생겼지요. 위쪽에 작은 구멍이 양쪽으로 2개씩 나 있는데 가죽이나 천으로 된 신발을 신고 끈으로 동여맨 자리였을 거라고 해요. 고구려의 금동 신발은 백제나 신라 것보다 못이 박혀 있어요. 삼실총이나 개마총 벽화에는 무사가 바닥에 못이 박힌 신발을 신고 있는 그림이 그려져 있어요. 땅에 쓰러진 적을 못이 박힌 신발로 짓밟아 깊은 상처를 낼 수 있을 것 같지요?

실제로 이 신발을 신고 싸움터에 나갔을까요? 그렇지는 않았어요. 금동 신발은 죽은 사람을 위해 무덤 속에 넣어 준 껴묻거리였답니다.

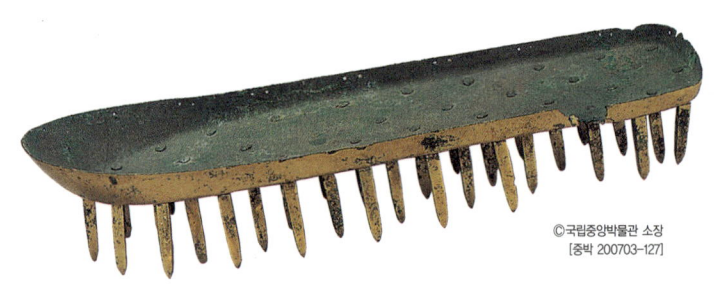

©국립중앙박물관 소장
[중박 200703-127]

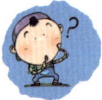 금동 장식 관 꽂이를 찾아서 무늬의 모양을 모두 써 보세요. 이것들의 공통점은 무엇일까요?

광개토대왕릉비

국립중앙박물관 1층 금석문실에 있는 광개토대왕릉비 탁본을 보세요. 광개토대왕은 고구려의 19번째 왕이에요. 18세에 왕위에 오른 뒤 주변 나라를 정복해 우리나라의 영토를 가장 크게 넓힌 왕이지요.

광개토대왕의 아들인 장수왕은 아버지가 돌아가신 다음 해인 414년에 아버지의 업적을 기리기 위해 광개토대왕릉비를 세웠어요. 응회암으로 된 이 비석은 높이가 6.39m에 무게가 37톤이나 돼요. 약 1,800여 자가 새겨져 있는데 한 글자의 크기는 가로 14cm, 세로 15cm예요. 비문의 내용은 세 부분으로 되어 있는데, 첫째 부분은 고구려의 시조 동명성왕이 나라를 어떻게 세웠는지에 대한 건국 신화가 들어 있어요. 두 번째 부분에는 광개토대왕의 업적을 연대별, 사건별로 기록하고 있어요. 백제, 가야, 신라뿐만 아니라 왜와의 관계도 적혀 있지요. 세 번째 부분에는 왕릉을 관리하기 위한 법 조항들을 적어 놓았어요.

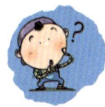

이 비석은 지금 어디에 있나요? 그리고 장수왕이 이 비석을 세운 또 다른 까닭은 무엇일까요?

일본인들이 다르게 해석하는 부분

문제가 되는 부분은 "왜이신묘년래도해파백잔 ☐☐신라이위신민(倭以辛卯年來渡海破百殘 ☐☐新羅以爲臣民)"이에요. 중간의 두 글자가 지워진 이 글의 내용은 왜가 신묘년에 출몰하여 고구려의 광개토대왕이 백제와 신라에 군대를 보내어 왜적을 물리쳤다는 내용이에요. 그런데 일본인들은 마치 왜가 백제나 신라를 정복한 것처럼 해석하고 있답니다.

왜 그렇게 다르게 해석하고 있는 걸까요? 선생님이나 친구들과 함께 이야기해 보세요.

3. 고구려의 문화

고구려라고 불리게 된 이유

처음에는 주몽이 졸본 지역에 터를 잡고 군사적으로 중요한 지역마다 돌로 성을 쌓은 것을 보고 돌로 쌓은 성이라는 뜻의 '구루' 라고 부르다가 '구려' 라는 말이 생겼다고 해요. 주몽이 나라를 세우면서 이런 이름들을 본떠 '고구려' 라고 했어요.

고주몽은 졸본의 비류수(중국의 혼강) 부근인 지금의 오녀산성에 도읍을 정하고 나라를 세웠어요. 이 지역에는 고구려가 탄생되기 이전부터 부여 · 진번 · 임둔 · 동예 · 옥저 등 작은 나라들이 있었어요. 고구려는 혼강과 압록강 주변의 나라들을 정복하여 세력을 확장했답니다.

철을 이용한 사람들

이 시대부터 철을 생산하고 가공하기 시작했어요. 그 이전에는 청동이나 돌, 나무로 만든 농기구와 공구들을 사용했지만 이 시대 사람들은 철을 이용해 무기도 만들고 농기구도 만들어 쓰기 시작했어요. 세력 확장으로 전쟁이 잦아지면서 사람들은 철을 이용해 더 강력한 무기를 만들기 시작했어요. 더 단단한 철을 가진 나라가 전쟁에서 승리할 수 있었거든요. 또 튼튼한 철로 만든 농기구로 땅을 깊이 팔 수 있어 수확량도 늘어나게 되었어요.

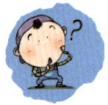 고구려 사람들이 철기를 사용했다는 증거가 되는 유물을 찾아보세요.

정답 철로 만든 칼, 철로 만든 무기, 철로 만든 농기구

고구려의 영토와 인구

고구려가 세워질 무렵의 영토는 사방 1만 2백 리로 동서로는 3천 1백 리, 남북으로는 2천 리였어요. 인구는 150~300만 명 정도였고 언어는 부여와 비슷했대요. 고구려는 밭곡식과 누에를 주로 길렀는데, 산이 많고 농지가 부족했기 때문에 식량이 넉넉하지 않았어요. 그래서 부족한 식량을 해결하기 위해 논과 밭이 풍부한 다른 나라들을 정복하기 시작한 거예요.

고구려의 정치와 교육

왕족으로는 계루부, 소노부, 절노부 등이 있었는데 주로 계루부에서 왕이 나왔어요. 중요한 사항들은 부족장 회의인 제가회의를 통해 결정하였고요.

고구려는 엄격한 법률 제도를 가지고 있었어요. 모반(국가나 조정 또는 군주를 배반하여 군사를 일으키는 일, 지금의 내란죄에 해당), 투항, 패전, 살인, 겁탈을 한 자는 사형을 시켰고, 물건을 훔친 사람은 물건 값의 12배를 물렸대요. 소나 말을 죽인 자는 노비로 삼았어요.

그리고 경당이라는 학교가 있었는데 결혼을 하지 않은 청년만 경당에 다닐 수 있었어요. 활쏘기와 오경, 사기, 한서, 삼국지, 춘추, 옥편 등을 배웠어요.

고구려의 풍속

고구려 사람들은 노래와 춤을 좋아하고 술을 잘 빚었어요. 장기, 축구, 투호 같은 놀이를 즐겼고요. 결혼 풍습은 결혼을 하면 남자가 여자의 집에 와서 사는 데릴사위제였답니다. 귀신이나 조상신들에게 정성껏 제사를 지냈고, 무덤 주위에는 소나무와 잣나무를 심었어요.

고구려의 글자

고구려 사람들은 한자를 사용했어요. 그 한자를 이용해 벽돌이나 비석에 남기고 싶은 말을 새겨 넣었대요. 그리고 청동 그릇 바닥에도 새겨 넣었어요. 그런데 이 글자들 속에서 유명한 왕의 이름을 발견할 수 있어요. 바로 광개토 대왕의 이름이지요. 전시실에서 찾아보세요.

유물 속의 글자들

벽돌에 새겨진 글자

태왕릉에서 발견된 벽돌에 새겨진 글자는 '원태왕릉안여산고여악(願太王陵安如山固如岳)'이에요. '원하옵건대 태왕릉이 산처럼 안전하고 바위처럼 튼튼하소서'라는 뜻이에요.

청동 그릇에 새겨진 글자

신라 호우총에서 발견된 '을묘년국강상광개토지호태왕호우십(乙卯年國崗上廣開土地好太王壺杆十)'이라는 글자도 보세요. 글자 그대로 '을묘년에 만든 국강상광개토지호태왕의 그릇'이라는 뜻이에요.

©국립중앙박물관 소장
[중박 200703-127]

비석에 새겨진 글자

유명한 광개토대왕릉비의 앞면에는 '국강상광개토경평안호태왕(國岡上廣開土境平安好太王)'이라는 글자가 들어 있어요. '나라를 튼튼히 하고 영토를 넓히고 태평성대를 이룩한 대왕'이라는 뜻이에요.

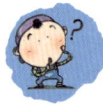

유물에 들어 있는 글자 중 왕을 뜻하는 글자는 어떤 것인가요? '왕 중 왕'이라는 뜻을 담고 있는 이 글자를 찾아 써 보세요.

정답 태왕(太王)

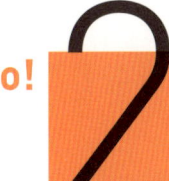
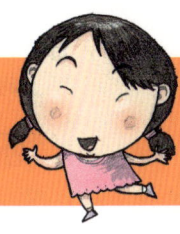

2 고구려 사람들은 어떻게 살았지?

1. 어떤 옷을 입었을까?

고구려 사람들이 평소에 입는 옷은 보통 위와 아래가 나뉘어 있었어요. 위는 엉덩이까지 내려오는 긴 저고리, 아래는 치마나 바지를 입었지요. 이런 옷은 위아래가 붙은 옷보다 활동하기가 훨씬 편해요. 그리고 옷에는 깃이 붙어 있었는데, 이 깃은 옷과 다른 색으로 이어 붙였어요. 윗옷이 풀어지지 않도록 끈으로 허리를 동여맸고, 그 위에 두루마기를 입어 북쪽의 추운 날씨에도 잘 견딜 수 있게 했어요.

신분에 따라 입는 옷이 달라요

고구려 벽화를 보면 주인은 거인처럼 크게 그리고, 시종이나 사냥꾼, 관리들은 작게 그린 걸 알 수 있어요. 옷의 형태나 색깔도 신분에 따라 달랐어요.

신분이 높은 사람들은 폭이 넓은 붉은색 계열의 옷을 입었고, 신분이 낮은 사람들은 폭이 좁은 갈색이나 하얀색 옷을 입었어요. 맡은 일에 따라서도 옷이 달랐는데, 예를 들면 병사들은 전투복, 관리들은 두루마기를 입고 있지요.

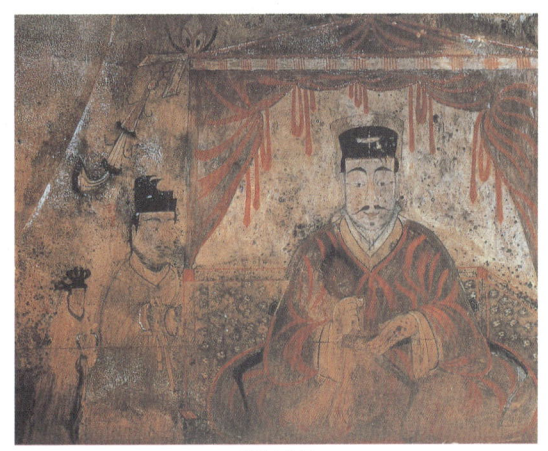
안악3호분

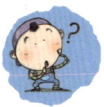 사람들이 새 옷을 입고 뽐내고 싶은데 어떤 옷을 입어야 할지 잘 모르겠대요. 여러분이 신분에 맞는 옷차림을 짝지어 주세요.

관리   시종   귀족 여인   시녀

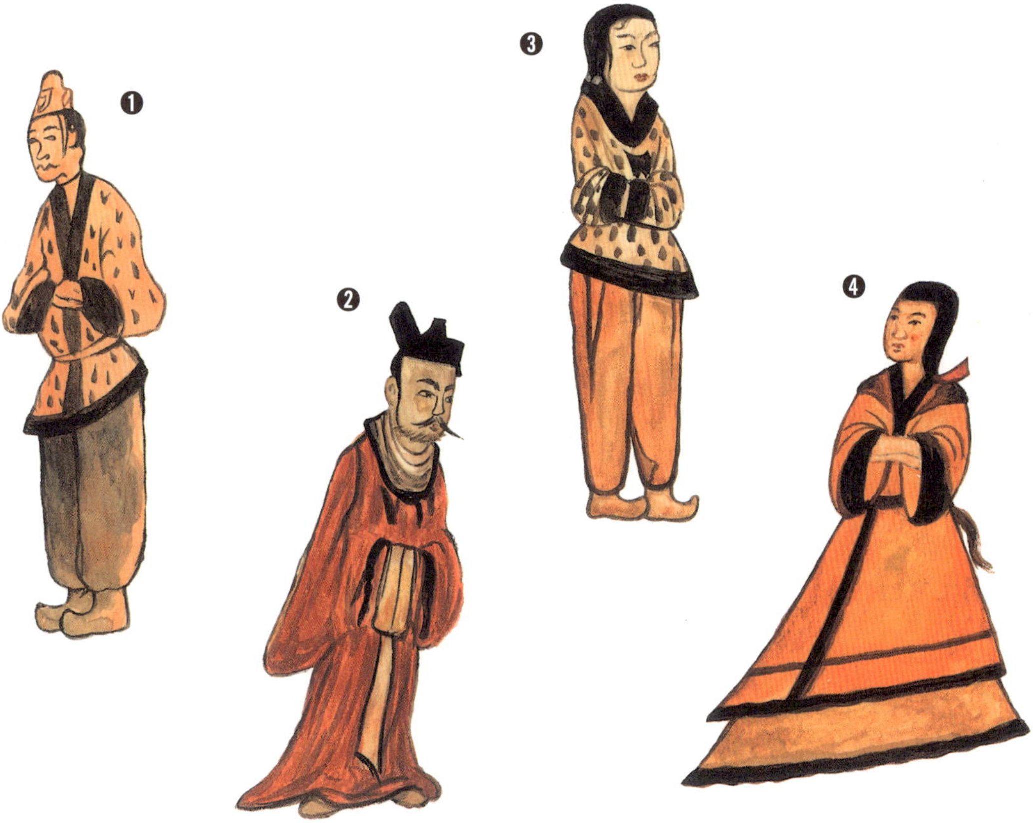

❶ ❷ ❸ ❹

신분과 직업에 따라 머리 모양도 달랐어요

모자와 머리 모양을 보면 그 사람이 어떤 신분인지 단박에 알 수 있어요. 남자들은 대개 절풍, 건, 책, 새 깃털을 꽂은 조우관 등을 썼고, 여자들은 머리를 틀어 올리거나 풀어 내려서 나이와 신분을 나타냈어요. 모자나 머리 모양이 화려할수록 높은 신분을 지닌 사람이었대요.

귀족들은 건을 쓰고 금은 장식의 비단옷을 입었고, 귀인(대신)들은 푸른 비단 모자와 붉은 비단 모자(새털과 금은 장식)를 썼어요. 서민들 중 남자들은 무명옷에 고깔을 썼고 여자들은 머리에 수건을 둘렀어요.

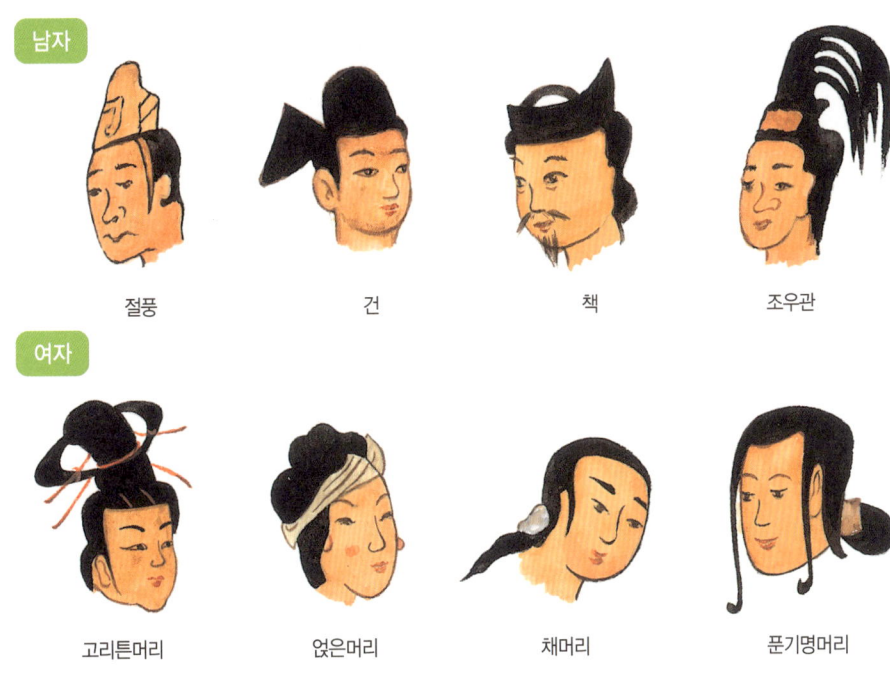

남자

| 절풍 | 건 | 책 | 조우관 |

여자

| 고리튼머리 | 얹은머리 | 채머리 | 푼기명머리 |

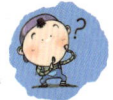 남자들과 여자들의 머리 모양이 달라요. 남자들은 머리를 어떻게 했을까요?

2. 어떤 집에서 살았을까?

마구간과 살림채는 지붕 모양이 달라요

고구려의 집채들은 모두 따로따로 떨어져 있었어요. 부엌 따로, 방 따로, 창고는 물론이고 남자와 여자가 지내는 방도 따로였지요. 귀족들은 기와로 지붕을 얹었는데 마구간과 외양간도 기와지붕이었어요.

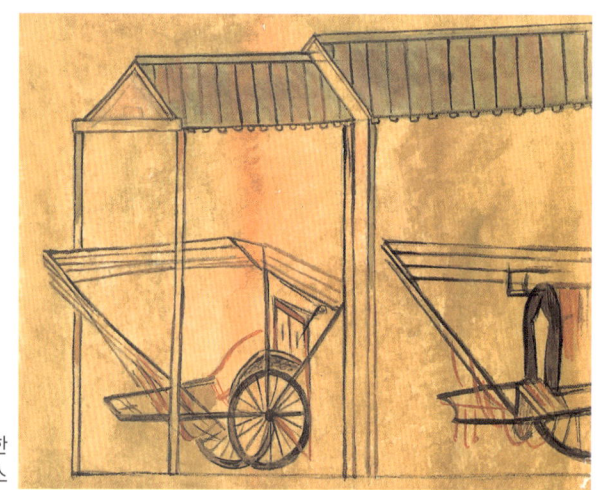

맞배지붕을 한
수레 보관소

지붕의 모양은 용도에 따라 달랐는데 마구간이나 외양간, 수레 보관소들은 맞배지붕으로, 사람들이 지내는 살림채나 별채는 우진각지붕으로 지었어요.

평양시에서 출토된 우진각지붕 집 모양 토기를 찾아보세요. 이 토기는 정면에 둥근 구멍 두 개와 네모난 구멍 하나가 뚫려 있는 기와집 모양의 작은 토기예요. 높이 8.3cm의 작은 토기로 무덤에 넣은 껴묻거리였던 것 같아요. 이런 유물을 통해 당시의 집과 지붕 모양을 짐작할 수 있답니다.

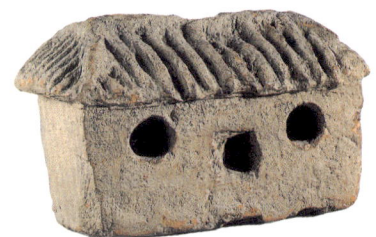

우진각지붕의 집 모양 토기 ⓒ국립중앙박물관 소장
[중박 200703-127]

신분에 따라 집의 크기도 달라요

귀족이 사는 집이나 사찰·사당·왕궁·관아는 기와집으로 지었고, 가난한 사람들은 초가집을 짓고 살았어요. 본채는 방의 한 곳을 아궁이와 연결하여 아궁이의 불길로 방 안을 따뜻하게 하는 쪽구들을 사용하였어요. 말하자면 옛날식 온돌인 거죠. 벽난로와 같은 구조라서 지금의 온돌처럼 방 전체가 따뜻하지는 않았어요. 그래서 바닥에 앉아 생활하지 않고 의자에 앉아 생활한 것 같아요. 그리고 대옥과 소옥의 별채가 있었는데 대옥은 귀신에게 제사를 지내는 사당이었고, 소옥은 사위가 지내는 곳이었어요. 부경이라는 창고에는 옥수수 등을 넣어 보관했지요.

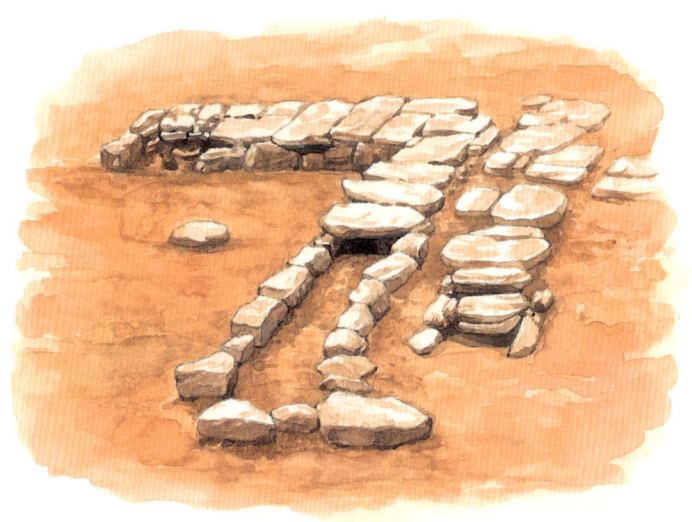

아차산 보루 유적에서 발굴된 기역 자형 온돌 구조

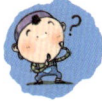 쪽구들과 같은 난방 장치를 사용했다고 추정할 수 있는 유물을 찾아보세요.

정답 발굴 되는 백제역사

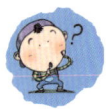 1. 고구려 사람들이 기와집에서 살았다는 증거가 되는 유물을 찾아 보세요.

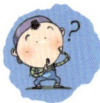 2. 수막새기와에 무늬가 빠져 있어요. 고구려 짐승얼굴무늬기와를 찾아 그 무늬를 그려 넣어 보세요.

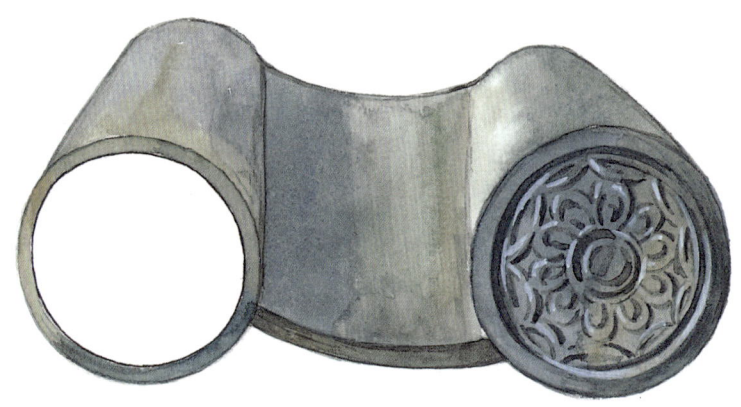

굴뚝

토기 항아리와 비슷한 모양이지만 바닥이 없이 원통형으로 양쪽으로 뚫려서 연기가 잘 빠지게 만들었어요. 어깨 부근에 줄이 한 줄 둘러지고 아랫부분에도 손잡이가 달려 둘이서 맞잡아 들기에 좋지요. 높이가 81cm나 되고 두께도 무척 두꺼워요. 아차산 제4보루에서 나온 이 굴뚝은 무덤 속에 넣는 껴묻거리로 보여요. 굴뚝은 대개 온돌 건물터에서 발견되는데, 그것을 보면 굴뚝이 고구려의 난방에 중요하게 쓰였다는 것을 알 수 있어요.

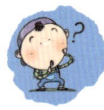 3. 굴뚝이 있었다는 것은 고구려가 어떤 난방을 했다는 뜻인가요?

3. 무엇을 먹고 살았을까?

부엌은 어떻게 생겼을까?

고구려 전시실 안에 있는 부엌 그림을 찾아보세요. 안악3호분 부엌 그림의
사진을 크게 확대한 거예요. 부엌 그림에서는 일하는 사람들의 옷차림, 화덕
과 굴뚝, 그릇들을 볼 수 있어요. 아궁이 앞에서 불을 피우는 여인과 음식을
만드는 여인, 그 옆에서는 열심히 상을 차리는 여인도 있고요. 집안일을 하는
사람이 많은 걸 보면 이 그림에 그려진 집이 상당히 부유한 집이었다는 것을
알 수 있어요.

철제 부뚜막과 아궁이

높이 29cm의 철로 만든 부뚜막이에요. 왼쪽 끝에 원통 모양의 짧은 굴뚝
이 있고 오른쪽에 아궁이가 있어요. 아궁이는 네모나게 뚫려 불을 땔 수 있게
되어 있고, 그 위에는 솥을 걸 수 있게 둥근 구멍이 뚫려 있어요. 그 곁에는
굴뚝도 전시되어 있어요.

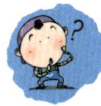 1. 철로 만든 부뚜막은 어디서 나왔나요? 유물의 이름표를 보고 출
토지를 적어 보세요.

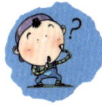 2. 철로 만든 부뚜막은 왜 이렇게 작을까요? 자신의 생각을 말해 보
세요.

정답 1. 평안남도 온천 용강면 운성리 / 2. 아궁이 불을 때에 솥을 걸 크기라기에 작게 만들어 불을 지폈을 것이에요.

부엌 가까이에는 어떤 것들이 있었을까?

부엌 옆에는 우물과 고기 창고들이 있어요. 우물 옆에는 물을 퍼 담는 커다란 항아리와 가축에게 물을 주는 구유가 있고요. 또 우물에는 긴 두레박줄이 드리워져 있어요. 아래의 그림처럼 지렛대에 매달고 두레박의 반대쪽에는 주머니를 매달아 주머니를 살짝 올리고 내리면서 편하게 물을 길 수 있게 하였어요. 고기 창고에는 갈고리 모양의 걸개에 돼지나 노루 같은 짐승 고기들이 통째로 걸려 있어요.

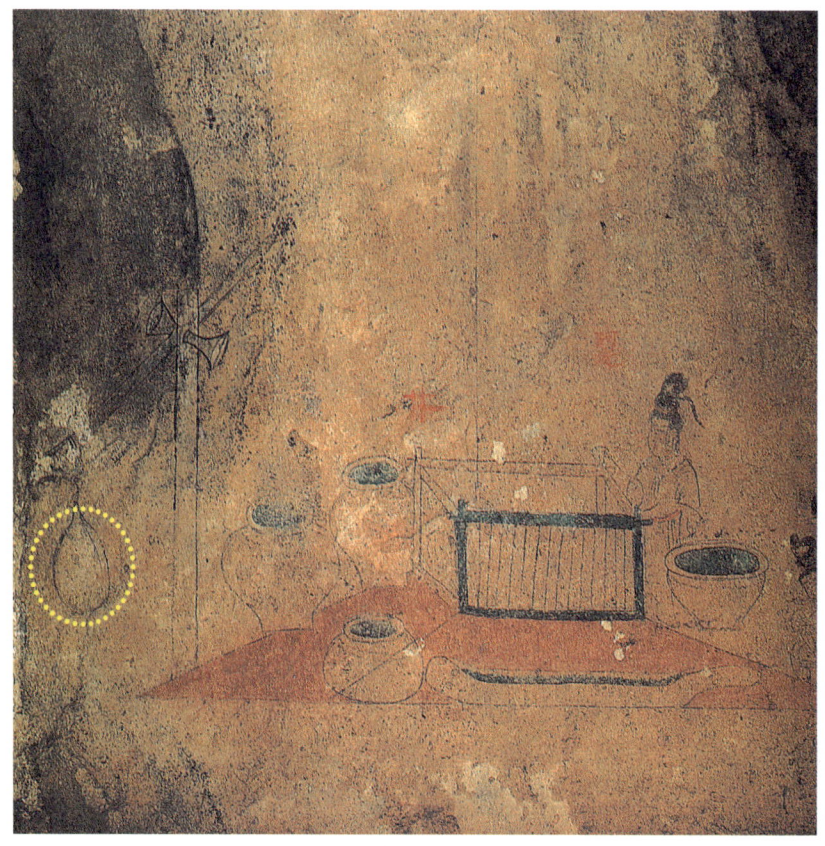

안악3호분

어떤 음식을 먹었을까?

고구려 사람들은 어떤 음식을 어떻게 요리해서 먹었을까요? 전시실에 있는 벽화를 보면 고기 창고에 고깃덩이들이 걸려 있는 모습과 커다란 솥에서 국자로 무언가를 뜨고 있는 모습을 볼 수 있어요. 아궁이 위에 놓인 깊은 솥을 보고 국물이 있는 음식을 즐겨 먹었다는 것을 알 수 있어요.

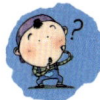 1. 솥 위에 올려놓고 뜨거운 김으로 음식을 쪄 먹을 수 있게 만든 그릇은 무엇일까요? 유물 중에서 찾아보세요.

2. 고구려 음식을 파는 식당에 가서 음식을 먹어 볼까요? 식권을 내고 먹고 싶은 만큼 요리를 덜어 먹으면 돼요. 고른 음식은 무엇인가요? 식당 이름도 멋지게 지어 보세요.

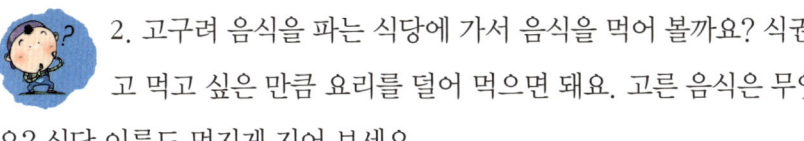

식당

차림표

요리	멧돼지 숯불구이	절인 노루고기 구이	
주식	차조밥	기장밥	마죽
반찬	순무 간장 절임	된장	간장
국, 찌개	된장찌개	아욱국	
안주	노루고기 포	고구려병(강정, 산자, 밤을 고아 만든 것)	
술	곡아주(어린이에게는 판매하지 않습니다.)		
후식	차와 좁쌀떡		

어떤 그릇에 담았을까?

중국에서 그릇 만드는 기술을 배워 온 고구려 사람들은 손으로만 그릇을 빚은 것이 아니라 물레를 써서 그릇을 만들었어요. 그릇에 물이 스며들지 않도록 겉에 유약을 바르기도 했지요. 고구려 토기들은 고구려만의 생김새나 색깔을 가지고 있어요.

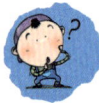 1. 전시된 토기들에 어떤 특징이 있는지 맞는 것에 동그라미 하세요.

❶ 바닥이 (납작 / 뾰족)하다.

❷ 목이 (짧다 / 길죽하다).

❸ 주둥이가 (표주박 모양 / 나팔 모양)이다.

❹ 색깔이 (황갈색, 회색, 검은색 / 붉은색, 누런색, 푸른색)이다.

❺ 무늬는 (얼룩무늬 / 물결무늬)가 있다.

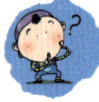 2. 쓰임새에 따라 그릇의 종류도 달라져요. 유물의 이름을 살펴보고 고구려 토기의 종류를 적어 보세요.

4. 무엇을 하고 놀았을까?

춤과 음악을 좋아했어요

고구려에서는 매년 10월에 일 년 중 가장 큰 축제인 동맹이 열렸어요. 온 나라 백성이 추수에 대한 감사로 하늘에 제사를 지내고, 춤을 추고 노래를 부르며 즐기는 흥겨운 축제였지요. 이 때는 왕과 백성들이 모두 나와 어울리면서 맛있는 음식을 만들어 먹었어요. 그리고 여러 가지 악기를 연주하면서 흥을 돋우었어요.

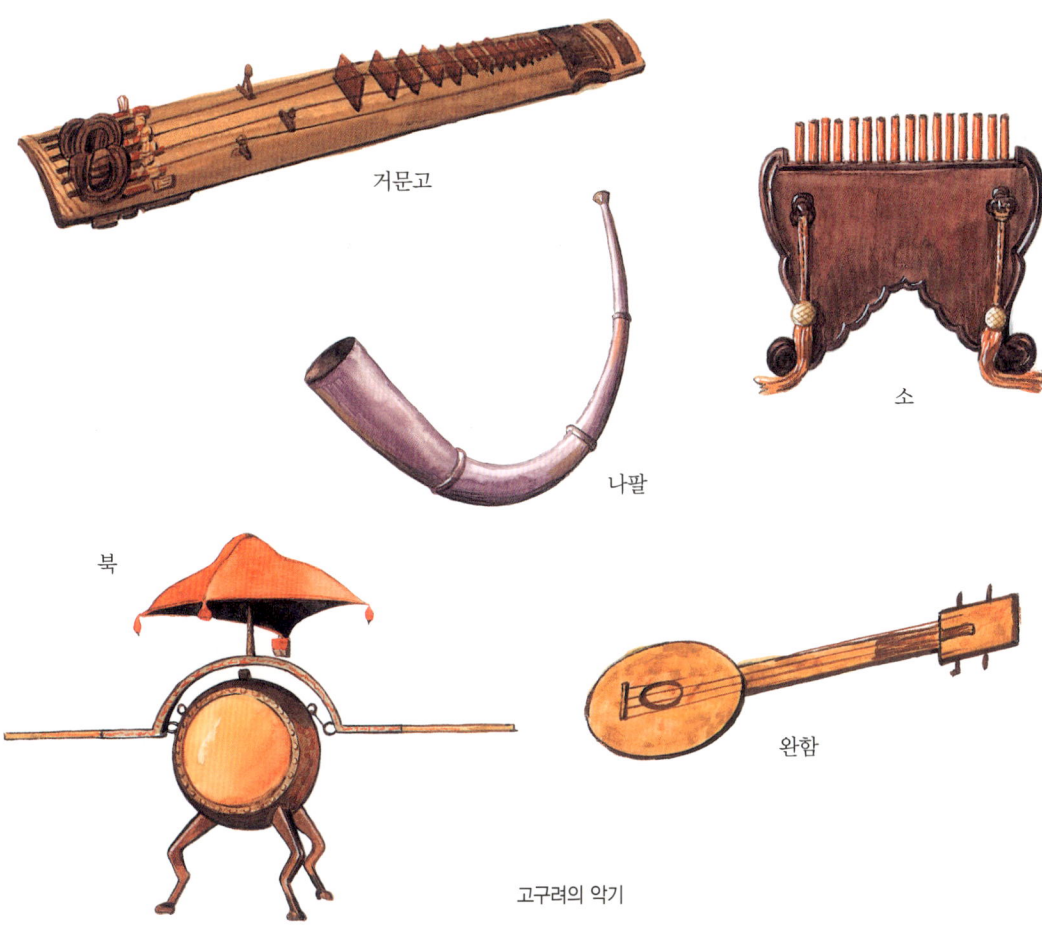

거문고

나팔

소

북

완함

고구려의 악기

사냥을 무척 좋아했어요

고구려 사람들에게 먹을 것을 구하기 위한 사냥은 즐거운 놀이이면서 군사 훈련이기도 했지요. 고구려 사람들은 말을 타고 활을 쏘아 사냥을 하면서 좋은 말을 고르는 법이나 능숙하게 말을 타는 법, 활을 잘 쏘는 법을 배우게 되었어요. '말 타고 활 쏘기 대회'도 자주 열렸어요. 왕도 국가의 중요한 제사 때에는 직접 사냥을 해서 제물을 올렸다고 해요.

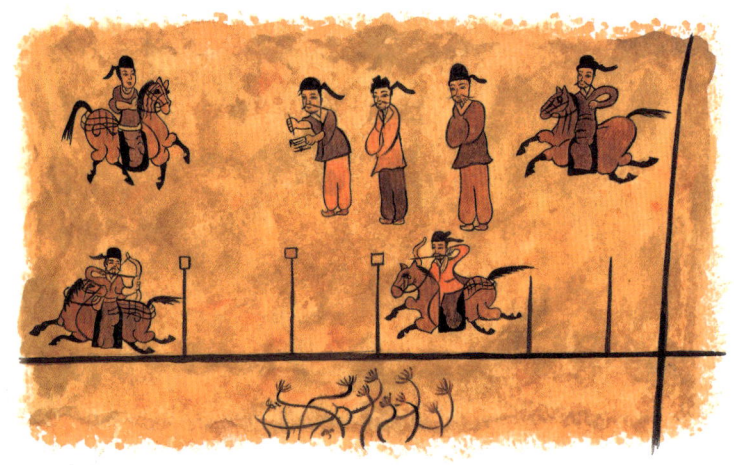

매 사냥

사냥을 하다 보면 죽거나 다치는 사람이 많았어요. 그래서 매나 개를 사냥에 이용하게 되었어요. 매를 길들여 사냥하는 사람을 '수알치'라고 하는데, 매 사냥은 대개 6~8명의 남자들이 함께 했어요. 사냥감을 발견하면 "디워 디워" 하고 소리쳤대요.
매는 주로 꿩과 토끼를 잡아 왔는데, 매가 사냥해 온 동물은 빨리 빼앗지 않으면 매가 먹어치우고 도망가 버린대요.

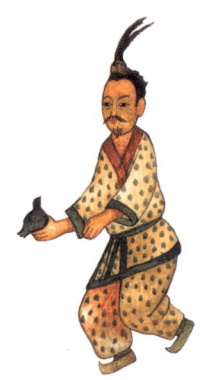

고구려 사람들이 즐긴 놀이

곡예는 마술과 달라요. 곡예는 눈속임이 아니라 열심히 연마한 어려운 기술을 실제로 보여 주는 놀이예요. 고구려 사람들은 말 타고 음악에 맞춰 춤추기, 여러 개의 막대와 공을 떨어뜨리지 않고 받기, 높은 나무 다리를 발로 차고 올라서서 춤추며 걷기, 두 사람이 보여 주는 칼싸움 등의 곡예를 즐겼어요. 곡예는 훈련을 필요로 하는 놀이예요. 고구려 사람들이 곡예를 좋아한 걸 보면, 보통 사람들도 무예 훈련을 일상 속에서 꾸준히 했다는 걸 알 수 있어요.

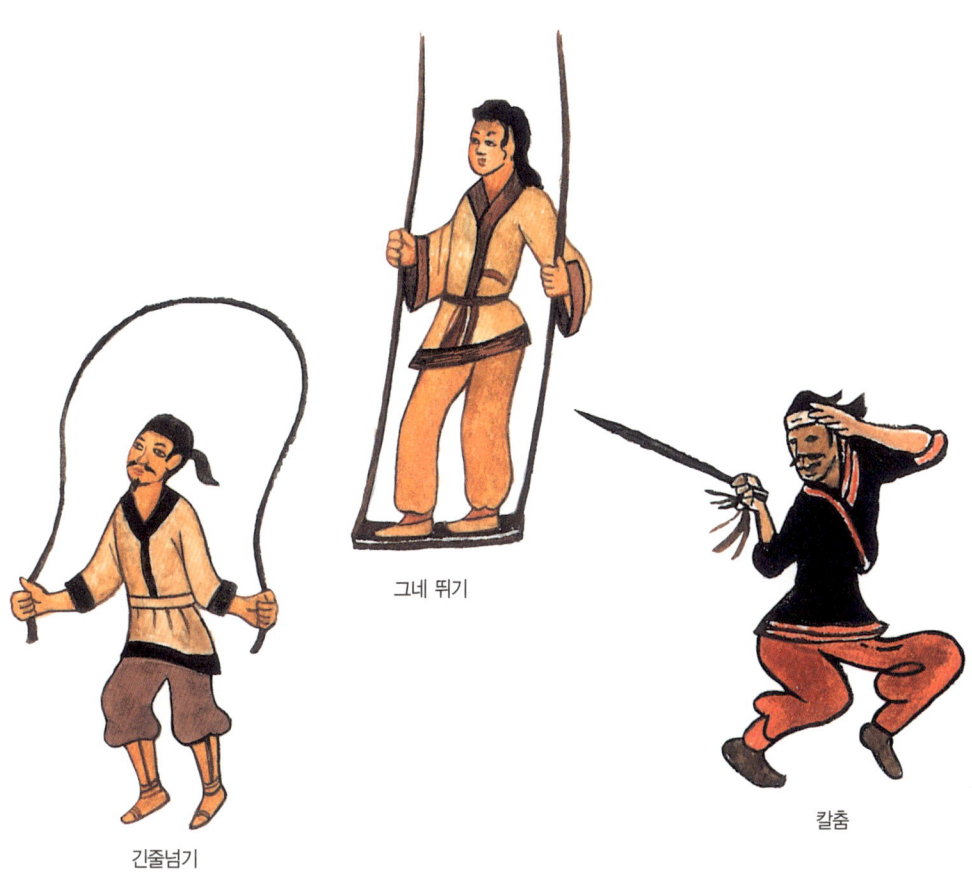

그네 뛰기

칼춤

긴줄넘기

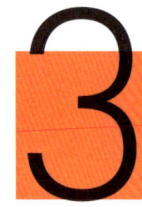

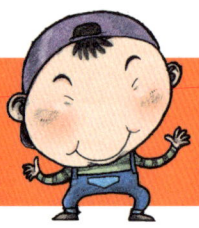

3 고구려의 성과 수도

go go!

1. 튼튼하고 안전하게

고구려는 수도를 정하고 그 곳에 튼튼한 성을 쌓았어요. 성은 세워진 곳에 따라 평지에 쌓은 평지성과 산 위에 쌓은 산성, 성을 쌓은 재료에 따라 흙으로 쌓은 토성, 돌로 쌓은 석성, 나무로 쌓은 목책 등으로 나뉘어요. 성의 생김새에 따라서는 곧은 것은 장성, 굽은 것은 곡성, 누가 쓰는가에 따라 도성과 읍성 등 여러 가지로 나뉘지요.

어떤 곳에 세웠을까?

성은 앞으로는 물이 흐르고 뒤쪽으로는 산이 병풍처럼 둘러쳐진 곳에 세웠어요. 주변의 자연지형을 방어에 이용한 거예요. 강은 건너기 힘들고 높은 산은 오르기 힘들어 적을 막는 데 유리하니까요.

오녀산성 유적지를 보면 성 안에 우물과 저수지, 장수가 올라서서 군사를 지휘하던 장대가 있었어요.

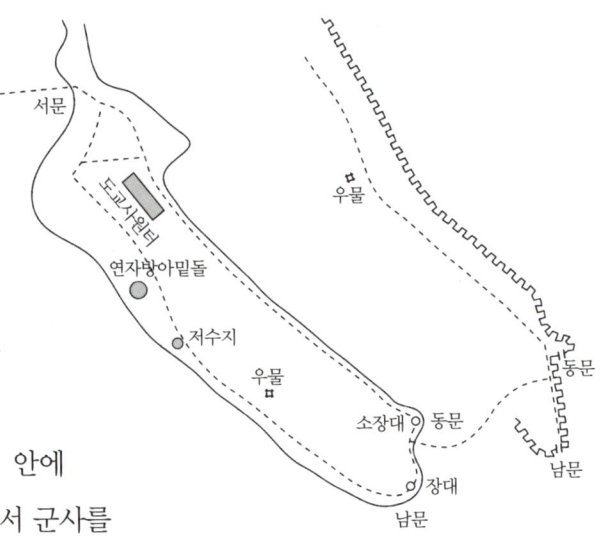

오녀산성 유적 분포도

어떻게 쌓았을까?

성은 계단 모양으로 돌을 쌓아서 만들었어요. 기단부는 대개 곧게 올려 쌓
았지만, 그 다음부터는 돌을 정사각형이나 직사각형 모양으로 다듬어 가지런
하게 쌓았어요. 돌 한 개의 크기는 길이 50cm, 두께 20cm, 앞쪽 너비 36cm,
뒤쪽 너비 24cm 정도예요. 넓적한 앞쪽은 성벽 밖으로, 좁은 뒤쪽은 성벽 안
쪽을 향하게 쌓았지요. 이렇게 하면 높은 압력에도 무너지지 않는 튼튼한 성을
쌓을 수 있어요. 성의 높이는 요즘의 아파트 4~11층 정도나 된대요.

또 돌의 크기가 다 다르고 고르지 않은 잔돌로 틈새를 메워 쌓은 성도 있어
요. 성벽 윗부분으로 갈수록 돌의 크기나 재료가 제각각인 것들이 많아요. 돌
의 종류는 대개 화강석을 썼어요.

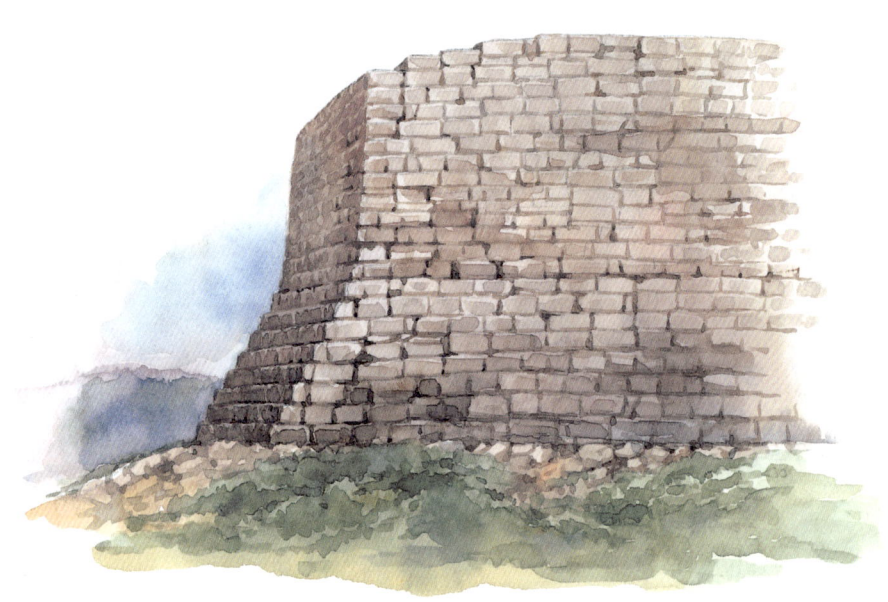

2. 졸본성에서 평양성까지

사람들은 누구나 더 좋은 곳에서 살고 싶어해요. 고구려 사람들도 좀 더 살기 좋은 곳을 찾아 여러 번 수도를 옮겼답니다.

고구려의 첫 번째 수도였던 졸본성과 국내성 부근은 60여 개의 하천이 있는 넓은 분지예요. 이 지역의 연평균 기온은 6.2~6.3도 정도로 만주 지역에서는 가장 포근한 편이에요. 연 강수량도 900~1,000mm 이상이고 서리가 내리지 않는 날수가 140~160일로 농사를 짓기에 알맞은 곳이지요. 이 곳은 이렇게 온화한 날씨와 주변 나라의 침략을 막을 수 있는 안전한 지형을 갖추고 있어서 고구려의 수도가 된 거예요. 하지만 농사를 지을 수 있는 땅이 넓지 않았기 때문에 나라의 힘을 키운 고구려는 남쪽으로 수도를 옮기게 되었어요.

졸본 시대

고구려는 맨 처음 졸본성을 수도로 정했어요. 수도의 안전을 위해 산 위에 오녀산성, 평지에 하고성을 쌓았어요. 그리고 적의 침입을 막기 위해 성 밖으로 강이 흐르는 곳을 골랐고요. 졸본성은 남쪽으로 혼강, 북쪽으로 부이강, 서쪽으로 오녀산성이 든든하게 적들의 침입을 막아 주었답니다.

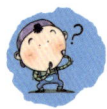 1. 졸본성에서도 벼농사를 지었을까요?

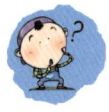 2. 고구려는 몇 년 동안 졸본에서 지냈나요?

집안 시대

지금 중국의 환인 지역이 고구려의 두 번째 수도인 국내성이 있던 자리예요. 왕이 살고 있는 궁성인 국내성을 환도성이 둘러싸고 있는 모습으로 지어졌어요. 국내성은 서쪽으로 요하, 혼하, 태자하와 같은 물길이 성을 둘러싸고, 동쪽으로는 혼강과 통구하가 적의 침입을 어렵게 했어요. 그 외에도 북쪽의 노령산맥과 남쪽의 압록강이 적을 막아 주었지요.

이 지역은 날씨도 따뜻하고 농사를 짓기에 알맞은 곳이었어요. 곡식 수확량이 많아져 힘이 생긴 고구려는 평야가 많은 남쪽으로 영토를 확장하게 되었어요.

평양 시대

장수왕은 국내성에서 성장한 귀족 세력을 누르고 왕권을 강화하기 위해서 427년에 수도를 평양으로 옮겼어요. 평양은 서해와 가깝고 강을 끼고 있어 농사를 지을 땅도 훨씬 넓었어요. 밭이 많은 국내성에서는 잡곡을 주로 생산했는데, 평양성에서는 논농사를 지어 쌀을 생산할 수 있었어요. 게다가 남쪽으로 내려오면서 바닷길을 통해 다른 여러 나라들과 자유롭게 왕래할 수도 있었고요.

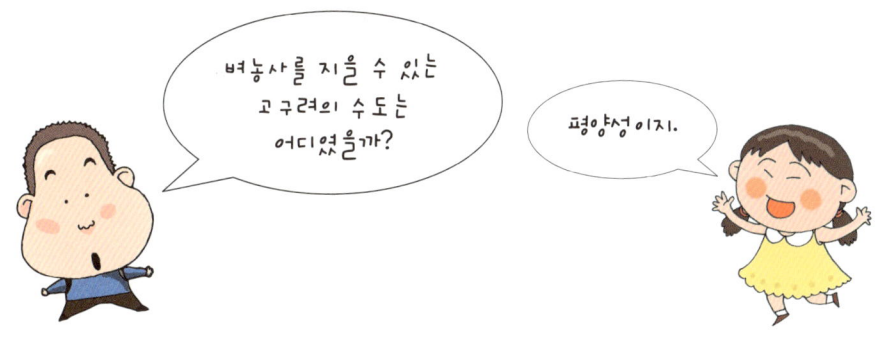

벼농사를 지을 수 있는 고구려의 수도는 어디였을까?

평양성이지.

평양으로 수도를 옮긴 고구려는 추운 곳에서 말을 타고 이동하면서 살던 나라에서, 따뜻한 남쪽에서 쌀농사를 지으면서 정착 생활을 하는 나라로 바뀌게 되었지요. 또한 동해, 서해를 끼고 해양 국가로도 발전하게 되었어요.

 1. 고구려는 수도를 두 번이나 옮겼어요. 각각 어디로 옮겼는지 그곳의 이름을 써 보세요.

❶ 처음 세운 곳(지금의 환인) : _____

❷ 첫 번째 옮긴 곳(지금의 지안) : _____

❸ 두 번째 옮긴 곳(지금의 평양) : _____

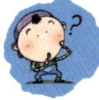 2. 아래 지도에서 졸본성과 국내성, 평양성이 어디인지 찾아 각각 줄로 이어 보세요.

졸본성 ●

국내성 ●

평양성 ●

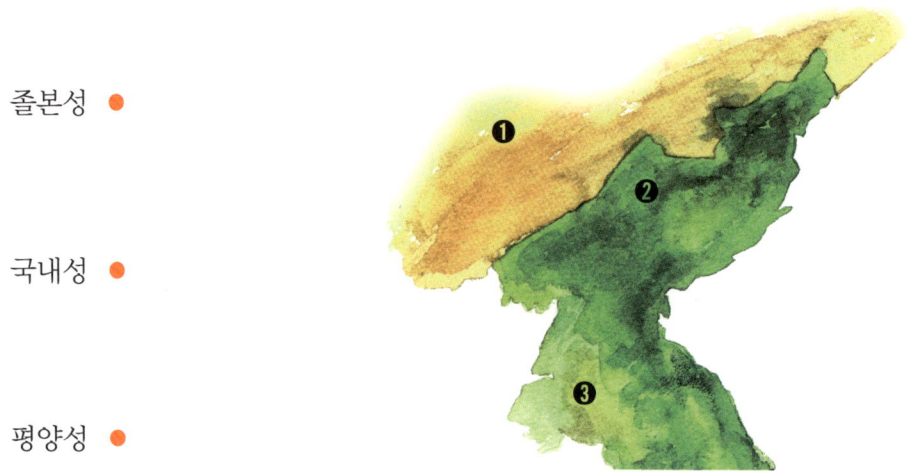

정답 1. ❶ 졸본성 ❷ 국내성 ❸ 평양성 / 2. 졸본성-❶, 국내성-❷, 평양성-❸

장안 시대

한강 이남까지 영토를 확장한 고구려는 양원왕 때 돌궐과 신라의 침략을 받아 한강 유역을 잃게 되었어요. 그래서 새로운 수도를 건설하기 위해 지금의 평양인 장안에 성을 쌓았어요.

장수왕 이후 82년 동안 고구려는 4명의 왕이 나라를 다스렸어요. 그러나 실제로 연개소문 장군이 나라를 지배하던 시대였어요. 수나라의 침략을 어렵게 물리치고 나자 그 다음에는 당나라가 위협을 했어요. 고구려는 싸움을 피하기 위해 당나라에 조공을 바치고 당나라 포로를 되돌려 보냈어요. 또한 영류왕은 당나라의 침략을 막기 위해 16년에 걸쳐 천리장성을 쌓았지요. 이 축성의 감독자인 연개소문은 보장왕을 죽이고 실권을 장악했어요.

고구려 말기에 이르면 왕권이 약해지고 귀족들이 정치의 실권을 잡아요. 연개소문도 귀족 세력이었는데 성격이 잔인하고 포악했다고 해요. 하지만 당나라와 전쟁을 하고 있던 때라 귀족들은 연개소문의 독재를 허용할 수밖에 없었어요. 이렇게 오랫동안 당나라와 치른 전쟁은 귀족간의 갈등을 불러일으켰고 정치, 경제적으로 나라를 힘들게 했어요. 연개소문이 죽고 나서 귀족간의 갈등과 연개소문 아들들의 권력 다툼으로 고구려는 몰락의 길을 걷게 되었지요.

왕권 강화와 왕의 암살

왕이 암살을 당했다고요? 고구려의 왕은 정치를 잘못하면 암살을 당하기도 했어요. 5대 왕인 모본왕은 성격이 못되고 신하들을 못살게 굴어 두로라는 사람에게 살해당했어요. 7세기경 연개소문은 영류왕을 죽였어요.

이 당시에는 왕권을 강화하기 위해 왕의 성격이나 몸집의 특징을 보고 이름을 지어 주었대요. 왕의 이름만 듣고도 왕을 무서워하도록 한 거예요.

3. 성과 수도를 지킨 기술과 무기

나라를 세운 후에도 고구려는 끊임없이 전쟁을 치러야 했어요. 성과 수도를 지키고 더욱 넓은 영토를 차지하기 위해서였지요. 고구려 사람들은 전쟁에서 승리하기 위해 어떤 기술을 개발했을까요?

말을 타고 달리면서 어떻게 화살을 쏠 수 있었을까?

싸움터에서 말은 중요한 무기였어요. 그러나 말고삐를 잡고 있어야 했기 때문에 자유롭게 공격을 할 수 없었지요. 하지만 300년경 발걸이인 등자가 발명되면서부터 큰 변화가 일어났어요. 이 때부터 말에 탄 기마병이 말 고삐를 잡고 있지 않아도, 말의 옆구리에 있는 등자에 발을 고정하면 균형을 유지하면서 손을 자유롭게 쓸 수 있었어요. 또한 못이 박힌 금동 신발도 등자에 걸면 말에서 쉽게 떨어지지 않을 수 있었어요. 그래서 달리는 말 위에서도 화살을 쏠 수 있게 되었지요.

그리고 싸움터에서 말의 온몸을 감싸는 말
갑옷이 출현하면서 개마무사가
싸움을 잘 할 수 있게 되었어요.
개마무사란 말에도 갑옷을
입히고, 사람도 갑옷과
투구를 쓰고서 긴 창
으로 싸움을 하는
장수를 말해요.
이렇게 무장
한 다음,

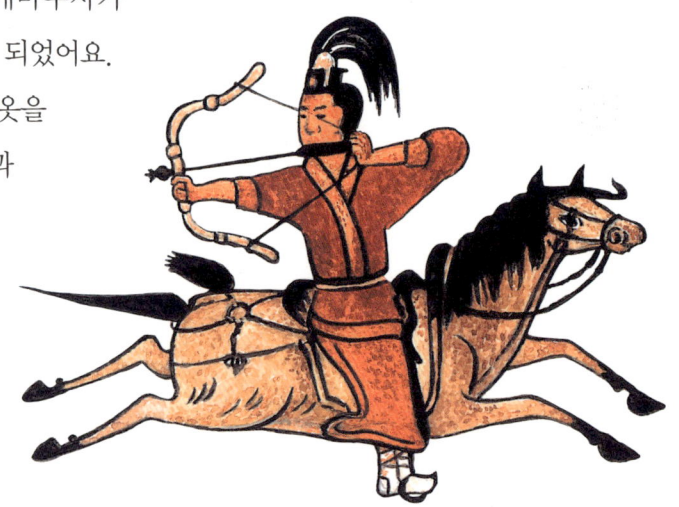

말의 달리는 힘과 4m가 넘는 긴 창을 이용해 적을 공격하고 싸움에서 승리할
수 있었어요.

화살

고구려 장수들이 말을 타고 등
뒤로 화살을 쏘는 모습을 무용총
벽화 그림에서 볼 수 있어요. 이 당
시에는 화살이 날아가면서 구멍에

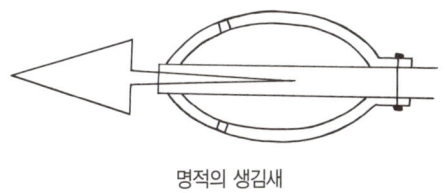

명적의 생김새

바람이 들어가 소리를 내는 '명적' 이라는 화살을 썼대요. 명적은 사냥을 할
때 동물을 소리로 기절시켜 생포하거나, 전투를 할 때 신호용으로 썼다고
해요.

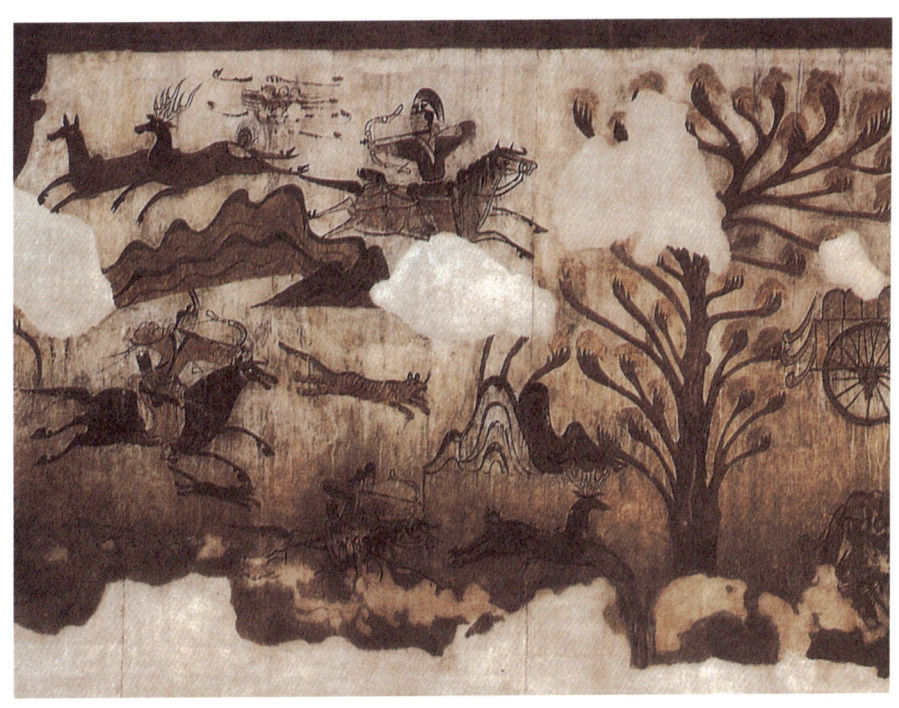

무용총 수렵도

말갖춤

　말갖춤은 말의 몸에 거는 여러 가지 도구예요. 사람이 말을 부리기 쉽게 만든 것들이지요. 말을 타는 사람의 엉덩이와 허리가 아프지 않게 하기 위해 말 등에 안장을 얹고, 사람이 시키는 대로 말을 잘 듣게 하기 위해 고삐를 매고 재갈도 물렸어요. 말의 발바닥에는 편자라는 쇳덩이를 박아 오래 걸을 수 있게 했어요. 쌍영총 무덤의 벽화에서 발견된 '말 탄 무사'가 그려진 벽화 조각에는 말과 말을 탄 기사의 모습이 아주 자세히 그려져 있어요.

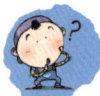 　말갖춤을 하고 있는 말의 모습이에요. 아래의 번호에 맞는 말갖춤의 이름을 보기에서 찾아보세요.

| 보기 | 말방울 | 고삐 | 말안장 | 굴레 | 말다래 |

가슴걸이　　뒷가리개

앞가리개

❶

❹　언치

재갈멈치

기생

말띠꾸미개

❷

말치끈

고삐이음새

말띠드리개

❸

발걸이

❺

편자

4 고구려의 전쟁

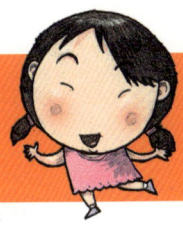

1. 백제와의 전쟁

고구려는 미천왕(313년) 때 낙랑과 대방을 공격해서 지금의 황해도까지 영토를 넓혀 백제와 국경을 맞대게 되었어요. 그 다음 왕인 고국원왕(369년)은 군사 2만 명을 이끌고 백제를 공격했지요. 그러나 고구려는 이 싸움에서 백제에 패하고 말았어요. 2년 뒤 다시 백제를 공격했지만 이번에도 백제의 근초고왕에게 평양성을 공격당하고 고국원왕도 전사하고 말았어요.

이 후 광개토대왕은 왕위에 오르자마자 백제를 공격해서 한강 북쪽까지 영토를 넓혔어요. 그리고 6년 후인 396년에 지금의 한강인 아리수를 건너 백제의 수도를 공격하고 한강 유역을 차지했어요. 이 때 얻은 성 중에는 지금의 인천으로 보이는 미추성, 서울 구의동의 아차산성도 있어요.

그 후 장수왕(475년)은 군사 3만 명을 이끌고 백제를 공격해서 수도 한성을 함락시키고 개로왕을 살해하였지요. 양원왕(548년) 때도 고구려는 백제의 독산성을 치고 웅천성(공주)까지 쳐들어갔어요.

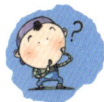 고구려와 백제가 싸움을 벌였던 보루가 발견된 유적지는 지금의 어느 곳인가요? 유물의 이름표에 나와 있는 출토지를 보고 써 보세요.

2. 신라와의 전쟁

신라의 공격

540년 진흥왕이 즉위하면서 국력이 강해진 신라는 드디어 반격에 나서기 시작했어요. 먼저 백제의 독산성과 고구려의 금현성을 빼앗았어요. 551년에는 고구려의 10개 군을 빼앗고 북한산까지 영토를 넓혀 진흥왕 순수비를 세웠어요. 고구려와 신라가 국경을 맞대게 된 거예요. 590년 영양왕 때는 고구려의 온달 장군이 신라에 빼앗긴 땅을 되찾으려고 했지만 아단성 전투에서 패해 전사하고 말았어요.

고구려의 멸망

645년 신라는 3만 명의 군사를 이끌고 고구려를 공격했어요. 그리고 10년 뒤인 655년에는 고구려의 보장왕이 백제와 연합하여 신라의 북쪽에 있는 33개의 성을 빼앗았어요. 계속해서 고구려의 공격을 받던 신라는 연개소문의 죽음으로 지도층이 분열되고 국력이 약해진 틈을 타 고구려를 공격하기 위해 당나라에 도움을 요청했어요. 그래서 668년에 김인문이 이끈 27만 명의 신라군과 이적, 설인귀가 이끈 50만 명의 당나라 군사로 이루어진 나·당 연합군이 고구려를 공격하게 되었어요. 결국 나·당 연합군의 공격을 받은 고구려는 약 700년의 역사를 끝으로 멸망하고 말았답니다.

3. 전쟁의 흔적이 남아 있는 유적

아차산 보루

서울 동남쪽에 위치한 아차산 꼭대기에 고구려의 보루가 있었어요. 아차산은 해발 300m 높이의 낮은 산인데, 이 산의 능선에는 둘레가 200m 정도인 성들이 400~500m 간격으로 모두 15개나 있었어요. 이렇게 적의 침입을 막기 위해 만든 작은 성들을 보루라고 해요.

그런데 고구려 사람들은 왜 아차산에 이렇게 많은 보루를 쌓았을까요? 그건 바로 백제를 공격하기 위해서였어요. 아차산 보루에서 마주 보이는 곳에 백제의 몽촌토성과 풍납토성이 있었으니까요.

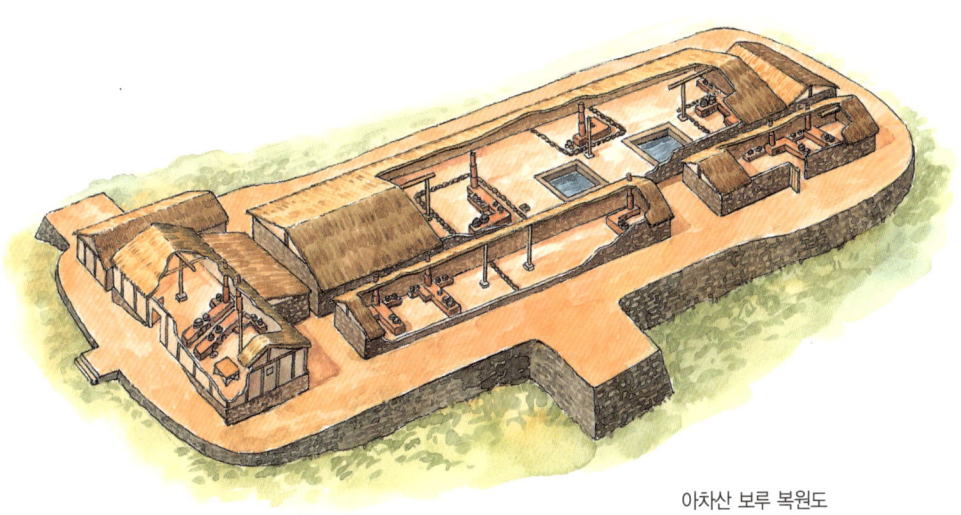

아차산 보루 복원도

구의동 보루

구의동 보루는 우리나라에서 처음으로 발굴된 고구려 요새예요. 화살촉이나 칼, 창 같은 무기류가 굉장히 많이 출토되었어요. 구의동 보루는 처음에는 백제의 고분일 거라고 추측했지만, 나중에 그 곳에서 출토된 유물들이 고구려의 유물이라는 게 밝혀지면서 뒤늦게 고구려의 요새라는 걸 인정받게 되었답니다.

구의동 보루는 고구려 군사 시설의 하나로 지름 14.8m의 작은 원형이에요. 아차산 보루의 1/10 밖에 되지 않는 크기이지요. 한강변의 높은 구릉에 지어져 있었기 때문에 한강 주변을 한눈에 내려다볼 수 있었어요. 이 곳에서 적의 침입을 감시했던 것 같아요.

유적을 발굴할 때 나온 요새 안의 온돌 아궁이에는 철로 만든 솥과 항아리가 그대로 놓여 있었어요. 군사들이 이동할 때 밥을 짓기 위해 제일 먼저 떼어내는 철로 만든 솥과 항아리가 그대로 있었던 걸로 보아 구의동 보루의 고구려군은 기습 공격을 받아 전멸한 것이 아닐까 짐작하고 있어요. 이 곳은 지금은 구릉이 없어지고 고층 아파트 단지가 들어서 있답니다.

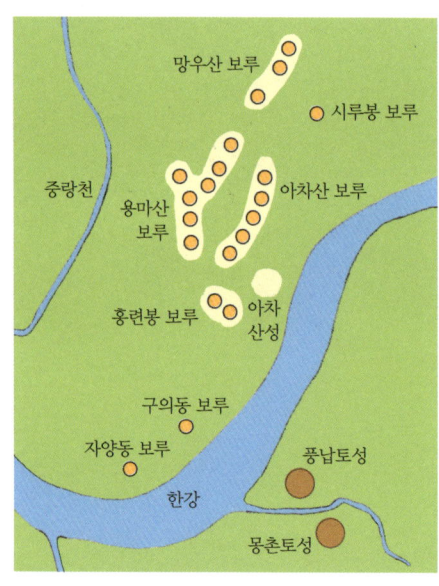

한강 유역의 고구려 보루 분포도

4. 어떤 유물들이 나왔을까?

고구려의 토기들은 주로 회색과 흑색을 띠고 그다지 단단하지 않은 게 특징이에요. 작은 물결무늬 같은 것들이 어깨 부위에 조금씩 있는가 하면 주둥이가 나팔 모양처럼 넓고 네 귀가 달린 단지, 배가 불룩하고 작은 단지, 밑바닥이 평평한 단지들이 있어요. 시루나 접시도 보여요.

여러 가지 모양의 토기류

3세기 이전에는 모래가 많이 섞인 연갈색 토기, 겉을 갈아낸 암갈색이나 검은색 토기와 항아리, 단지, 잔 등을 볼 수 있어요. 4~5세기가 되면 고운 점토로 빚어 높은 온도에서 구워 낸 회색 또는 황갈색의 토기가 등장하지요. 어깨 부분에 나타난 물결무늬는 모두 다 손으로 새긴 것이에요. 병이나 옹기, 뚜껑 달린 그릇들이 있고, 황갈색 유약을 바른 토기도 등장해요. 6세기 이후에는 토기 종류도 다양해져 벼루, 호자 등도 나타나지요.

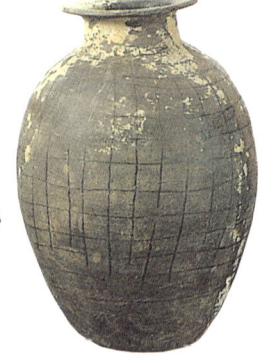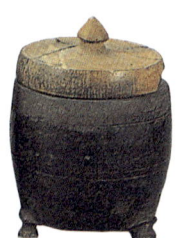

©국립중앙박물관 소장 [중박 200703-127]

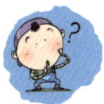 국립중앙박물관에 전시된 유물 중에서 구의동 유적지에서 발굴된 유물은 무엇인가요? 유물 이름표를 보고 유물 이름을 써 보세요.

정답 토기

고구려의 대표적인 토기, 네 귀 단지

국립중앙박물관에 전시된 네 귀 단지 사진을 찾아보세요. 이 단지는 몽촌 토성을 발굴할 때 출토되었어요. 귀가 네 개 달려 있어 네 귀 단지라고 하지요. 고구려 토기의 가장 대표적인 모양이에요. 입은 나팔모양으로 벌어져 있고, 목이 길며 4개의 띠고리 손잡이가 큼직하게 달려 있어요. 크기와 모양에 따라 항아리와 옹으로 나누지만 다 같은 종류인 것 같아요.

무엇을 할 때 썼을까요? 대개 옛 무덤에서 나오는 것으로 보아 껴묻거리였거나 의식을 치를 때 쓰였던 것으로 짐작하고 있어요.

철기류와 농공구류

아차산 제4보루에서는 모두 300점이 넘는 많은 철기류가 출토되었어요. 출토된 유물의 종류도 무기류, 마구류, 농공구류, 용기류로 아주 다양하지요. 전쟁터였기 때문인지 무기류가 가장 많고 칼과 도끼나 말을 탈 때 썼던 도구들, 수레바퀴에 쓰인 굴통도 나왔어요.

농공구류는 농기구와 공구류를 함께 일컫는 말이에요. 농사를 지을 때 쓰는 도구들은 모두 농기구로 나누고, 공구류는 집을 짓거나 다리를 세우거나 성을 쌓을 때 쓰는 도구들을 말하지요.

이전의 청동기로 만든 도구들에 비해 철기로 만든 도구들은 아주 튼튼했기 때문에 땅을 깊게 팔 수 있어서 수확량이 많이 늘어났어요. 농기구로는 철제 보습, 삽날, 살포, 살포형 철기, 쇠스랑, 낫, 쇠를 두드려서 만드는 쇠도끼 등이 있고, 공구로는 끌, 정 등이 있어요.

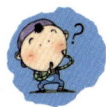 1. 보습은 어떤 농기구를 말하나요? 전시물을 보고 그 사용법을 이야기해 보세요.

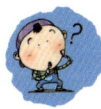 2. 구의동 보루나 아차산성 같은 싸움터에서 농기구가 발견된 이유는 무엇일까요?

무기류

고구려가 삼국 중에서 가장 넓은 영토를 차지할 수 있었던 것은 강력한 군사력과 무기가 있었기 때문이에요. 안악3호분의 보병과 기병이 행군하는 장면에서 고구려군의 무기들을 볼 수 있어요. 갑옷과 투구를 갖춘 병사와 그렇지 않은 보병, 말 갑옷을 갖추어 입은 기병과 그렇지 않은 기병들의 수가 비슷해요. 병사가 지닌 무기의 종류는 칼, 창, 도끼, 활, 쇠뇌 등이에요. 기병은 대개 창을 가지고 있는데 이 당시의 가장 중요한 무기는 창과 활이었어요. 이 무기들은 탄소 함량이 높은 재질로 날카롭게 만들어졌어요. 당시에 철을 다루는 기술 수준이 뛰어났다는 것을 알 수 있지요.

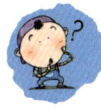 3. 철로 만들어진 전시 유물들 중에서 무기인 것과 농공구인 것을 조사해 보세요.

정답 1. 땅을 갈아서 일구어 흙을 부드럽게 해 주는 농기구. 쟁기 끝에 끼워서 사용한다. / 2. 농사를 지으면서 때로는 싸움을 했기 때문에 전쟁 때 쓰려고 모아 둔 것.

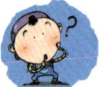 무기류와 농공구류가 전시된 곳에서 찾아보세요.

농공구류 도끼와 무기류 도끼는 모양이 어떻게 다른가요? 그림을

그리고 다른 점을 찾아 그 특징을 설명해 보세요.

농공구류 도끼

특징 : _____

무기류 도끼

특징 : _____

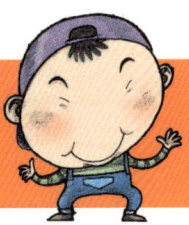

5 고구려의 고분 벽화

1. 고구려 무덤의 종류

무덤은 어떻게 만들었을까?

무덤은 귀족이 태어나자마자 만들기 시작했어요. 죽어서도 영원히 살기를 바라는 마음에서였죠. 고구려에는 벽화가 그려진 무덤이 많아요. 무덤의 벽화들은 살아 있을 때와 똑같은 생활을 하고 싶어한 마음을 표현한 거예요.

무덤들은 하나 또는 두 개의 방으로 이루어져 있어요. 고구려의 무덤은 겉모습에 따라 크게 돌무지무덤(적석총)과 돌방무덤(봉토석실분)으로 나누어지는데, 압록강 중류와 대동강 유역에 주로 모여 있어요. 고구려의 무덤은 겉모습은 웅장하지만 무덤 속은 소박한 풍습 때문인지 유물이 많지는 않아요.

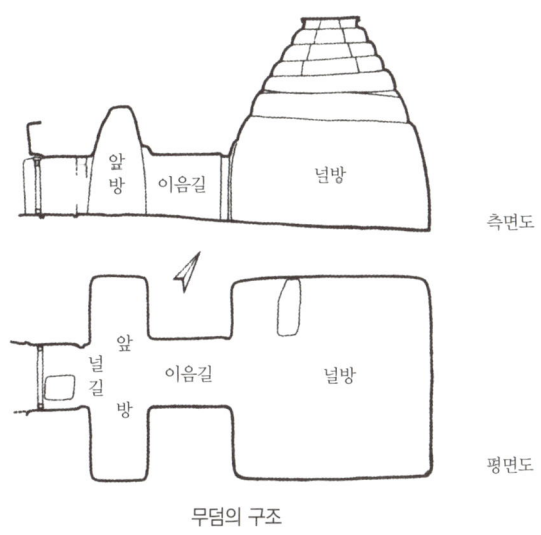

무덤의 구조

돌무지무덤

초기의 무덤인 돌무지무덤은 가장 수가 많은 무덤으로 땅 위에 작은 피라
미드처럼 우뚝 솟아 있는 계단식 무덤이에요. 고구려의 특이한 무덤 형태이
지요. 주로 넓은 들을 끼고 있는 강변이나 평지에 만들어졌어요. 돌무지무덤
은 시신을 땅 속에 묻지 않고 땅 위에 기단을 쌓고 그 위에 돌방을 만들어 시
신을 넣었어요.

이 무덤의 대표적인 예가 바로 중국 집안시에 있는 장군총이에요. 장군총
의 꼭대기에는 건물이 있었을 것으로 짐작한답니다. 장군총은 모두 7단으로,
기단의 4면에는 각각 3개씩 12개의 돌을 세워 놓았어요. 이 돌들은 무덤이 무
너지는 것을 막기 위해 세워 놓았다고도 하고, 12지상과 같이 무덤을 지켜 주
는 수호신으로 생각하기도 해요.

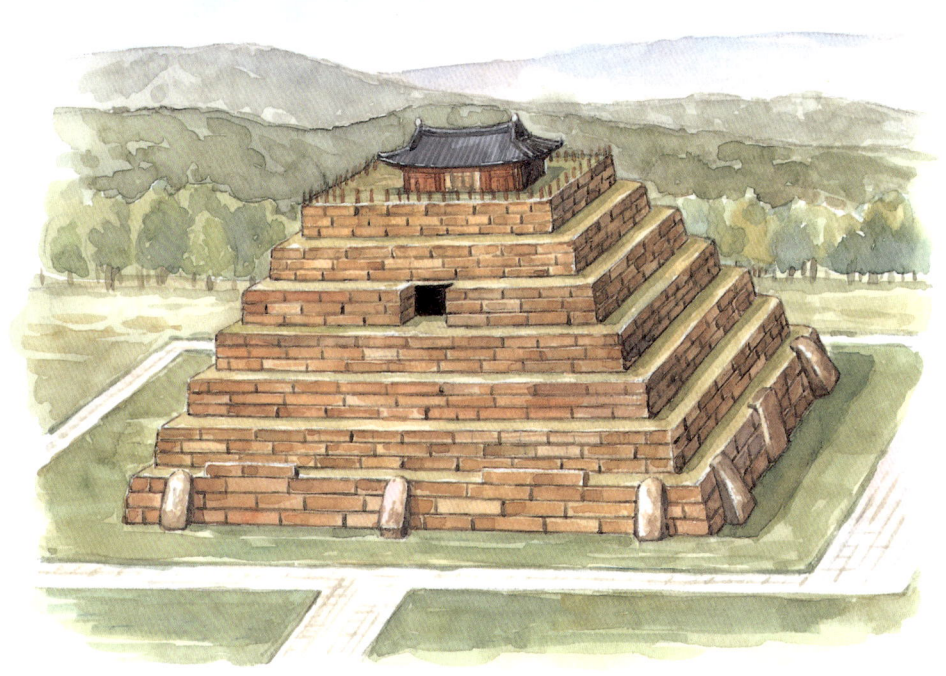

장군총 복원도

흙무지돌방무덤

돌방무덤 중에서도 돌 위에 흙을 덮어 만
든 무덤을 흙무지돌방무덤이라고 해요. 널
길과 돌방을 만들고 무덤 벽에 벽화를 그려
넣은 다음, 한 방에 시신을 두어요. 그러고

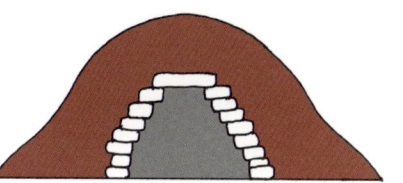
흙무지돌방무덤 단면도

는 천장의 모서리(모)를 줄여 가면서 천장의 뚜껑을 닫고 그 위에 작은 돌을
쌓은 다음 다시 흙을 덮어 완성하는 무덤이에요. 이 무덤의 대표적인 예로 안
악3호분, 장천1호분, 무용총 등이 있어요.

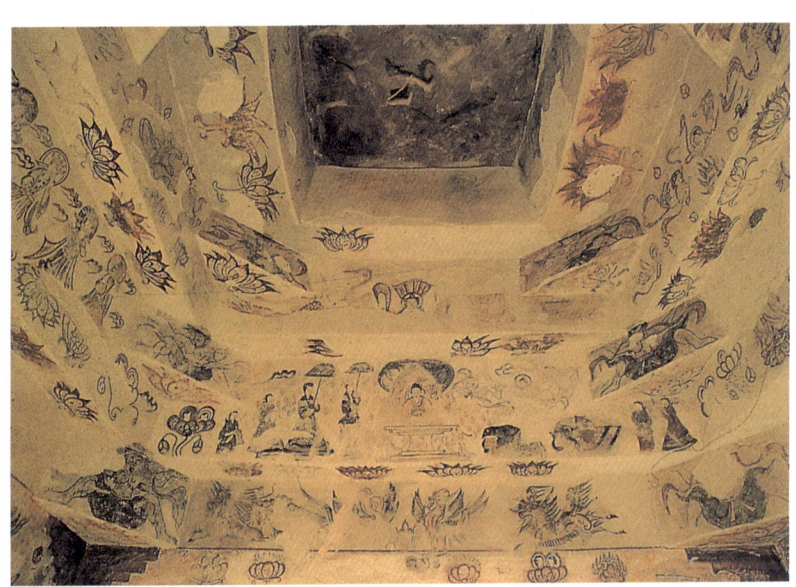
장천1호분 무덤방

©국립중앙박물관 소장
[중박 200703-127]

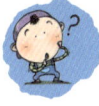
돌무지무덤과 흙무지돌방무덤 중 벽화가 그려진 무덤은 어떤 무덤
일까요?

정답 돌무지｜돌방무덤

2. 고분 벽화는 왜 그렸을까?

고구려 사람들은 죽어서도 살았을 때처럼 하늘에서 산다고 생각했어요. 그래서 자기가 살았을 때와 똑같이 무덤을 꾸몄답니다. 고구려 무덤의 벽화에는 살았을 때 있었던 일들을 그려 넣어 하늘에서도 행복하기를 바랐던 고구려 사람들의 소망이 담겨 있어요.

고분 벽화에는 어떤 그림들이 그려져 있을까?

즐거웠던 일과 보람 있었던 일, 나들이 때의 기뻤던 일들을 그려 즐거운 추억거리로 삼았지요. 그리고 자신이 가고 싶은 세계도 그려 넣었어요. 간절히 가고 싶어했던 신선의 세계를 그리면서 신선으로 살고 싶은 마음을 표현한 거예요.

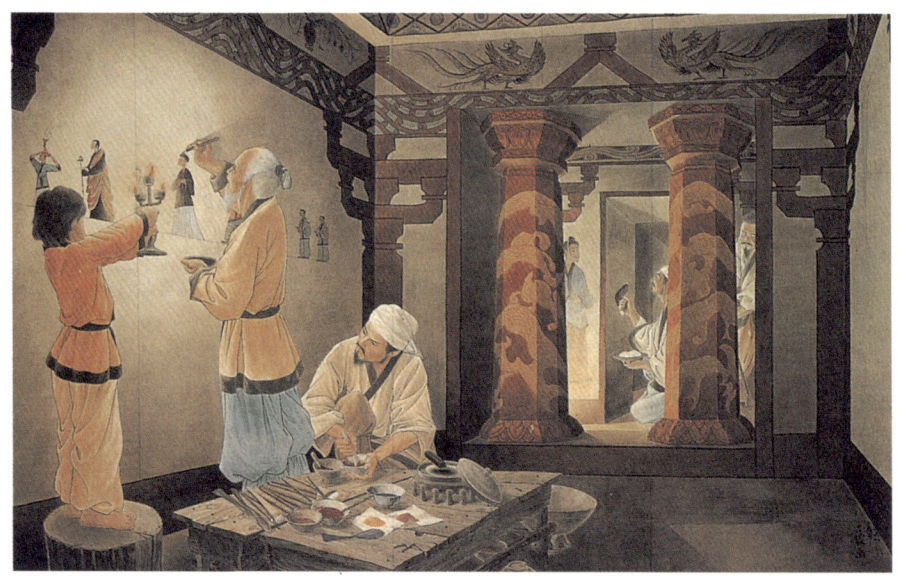

이종상, 〈고구려 벽화 제작도〉, 장지에 수묵담채, 200×300cm, 1975

고구려 고분 벽화는 어떻게 그렸을까?

벽에다 그림을 그리는 방법에는 두 가지가 있어요. 돌로 된 벽에 직접 그림 물감을 발라 그리는 방법과 석회 반죽을 이겨 바른 다음 반죽이 마르기 전에 그리는 방법이지요.

반죽은 석회와 굵은 모래, 물을 섞어 만들었어요. 세 차례 정도 덧바르면서 석회가 굳기 전에 밑그림이 그려진 그림을 벽에 대고 대나무나 뼈로 윤곽을 따라 그리거나, 뾰족한 물건으로 구멍을 뚫고 먹을 스며들게 한 다음 그 선을 따라 그림을 그렸지요. 이렇게 윤곽을 남겨 그리는 방법을 압인법이라고 하고, 먹이 스며들게 하여 그리는 방법을 침선법이라고 해요.

그림물감의 색(안료)은 어떻게 만들었을까?

돌가루나 흙을 그냥 쓰기도 하고 산화철이나 납 등을 구운 다음 여러 색을 섞어서 썼어요. 도자기의 원료인 고령토도 썼대요. 입자가 고운 안료와 굵은 안료는 따로 구분해서 사용했고요.

그렇다면 그림이 오래 되어도 벽에서 떨어지지 않게 하기 위해 어떻게 했을까요?

석회 반죽을 바른 젖은 벽면에는 안료가 잘 스며들지만, 마른 벽면에는 안료가 잘 묻지 않았어요. 그래서 아교라는 접착제를 안료와 섞어 그림을 그렸어요. 아교는 쇠가죽을 진하게 고아서 만들었어요.

3. 고분 벽화의 내용은 어떻게 달라졌을까?

초기의 벽화

고분 벽화에는 생활풍속, 무늬, 사신들이 그려져 있어요. 시대마다 벽화의 내용이 조금씩 달라졌는데, 고분 벽화가 처음 그려지기 시작한 3세기 말에는 생활풍속도가 많이 그려졌어요. 무덤 속은 살아 있을 때의 저택처럼 꾸며졌고, 무덤 주인이 살아 있을 때의 생활 중 남기고 싶은 내용들을 그렸대요. 이 속에는 죽어서도 살아 있었을 때와 똑같이 행복한 삶이 펼쳐지기를 바라는 마음이 담겨 있어요. 이 시기의 무덤에는 안악3호분, 덕흥리 벽화 무덤, 각저총, 무용총 등이 있어요.

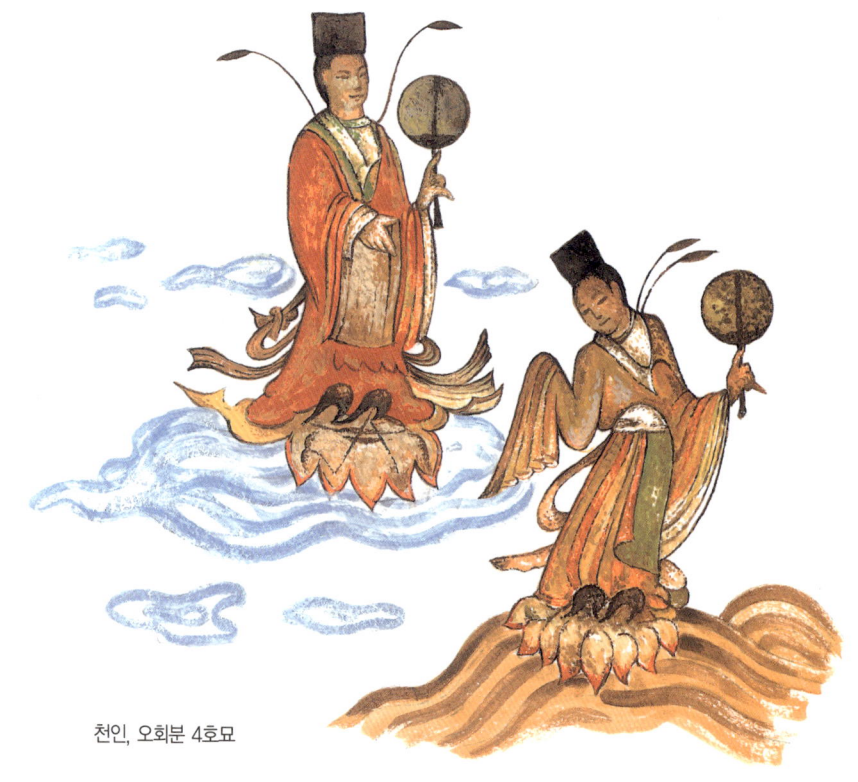

천인, 오회분 4호묘

5~6세기 초의 벽화

5~6세기 초의 벽화에는 생활풍속도나 사신도, 연꽃무늬 장식이 많아요. 연꽃이 등장하는 것은 불교의 영향을 받은 까닭이고, 사신도는 당시 고구려에 풍수지리설이 도입되었다는 것을 말해 주지요. 무덤 방에 그려진 연꽃무늬는 죽은 사람이 좋은 곳에서 다시 태어나기를 기원한 것이에요. 이 시기의 그림에는 현재의 삶과 죽어서의 삶이 일치되기를 바라는 마음이 담겨 있어요. 이 시기의 무덤들은 대개 한 칸 또는 두 칸으로 만들어졌으며, 수산리 벽화 무덤, 쌍영총 등이 있어요.

6~7세기의 벽화

6~7세기의 벽화에는 사신도가 그려져 있어요. 강서대묘의 주작, 현무, 청룡, 백호 그림은 화려하고 신비롭지요. 이 시기의 무덤들은 한 칸으로 만들어진 무덤이 많아요. 강서대묘, 통구 사신총이 대표적인 예지요.

강서대묘는 평안남도 남포시 삼묘리에 있는 돌방무덤으로 폭은 51.6m이고 높이는 8.86m예요. 무덤은 널방 중앙의 널길과 정사각형 평면인 널방으로 된 한 칸 무덤이에요. 시신을 두는 널방의 네 벽과 천장은 한 장의 커다란 화강암으로 만들어졌는데 천장은 각의 끝을 다듬어 올려놓았어요. 널방은 한 변의 길이와 높이가 3.5m로 널방 안에는 화강암 판석의 널받침 2개가 나란히 배치되어 있어요.

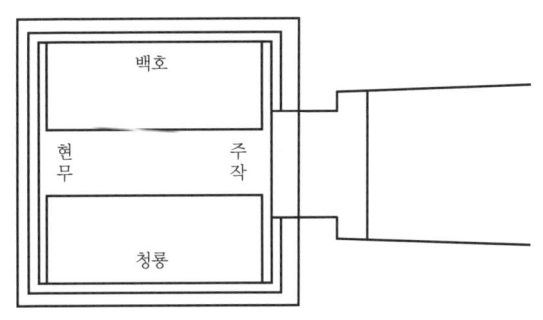

후기 강서대묘에 그려진 사신도 위치

4. 하늘을 지키는 오총사

고구려 후기의 고분 벽화에는 저승으로 가는 길을 호위해 주는 사신이 많이 그려졌어요. 동쪽을 지키는 청룡, 남쪽을 지키는 주작, 서쪽을 지키는 백호, 북쪽을 지키는 현무가 마치 살아 움직일 것같이 그려져 있지요. 그리고 무덤의 중앙 천장을 보면 황제를 상징하는 커다란 황룡이 그려져 있답니다.

이 동물들은 여러 가지 동물의 모습이 합해져서 그려졌어요. 청룡은 배는 조개, 비늘은 잉어, 발톱은 매, 머리는 낙타, 뿔은 사슴, 눈은 토끼, 귀는 소, 목은 뱀, 발은 호랑이 모양이에요. 하얀 털을 휘날리는 백호는 발톱이 다섯 개이고, 암수 두 마리가 그려진 주작은 앞은 기린, 뒤는 사슴, 목은 뱀, 등은 거북, 턱은 제비, 부리는 닭, 꼬리는 물고기의 모양을 하고 있답니다.

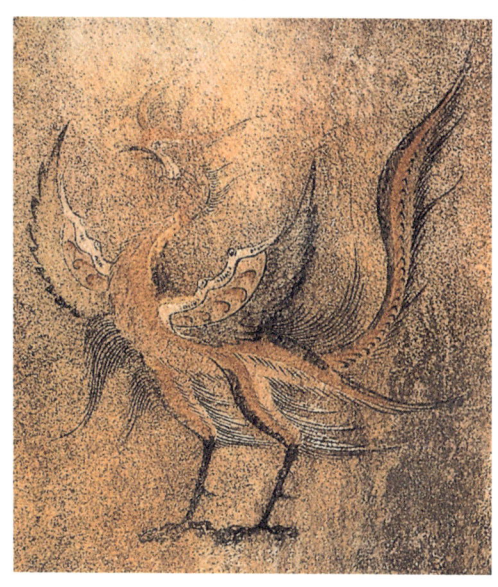

주작

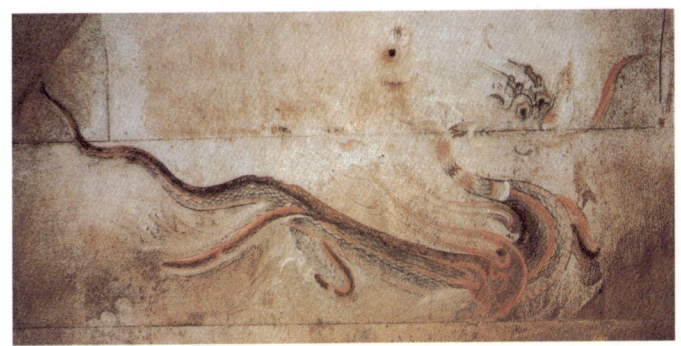

청룡

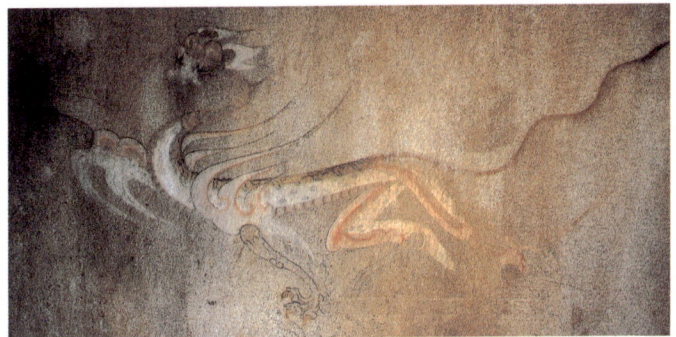

백호

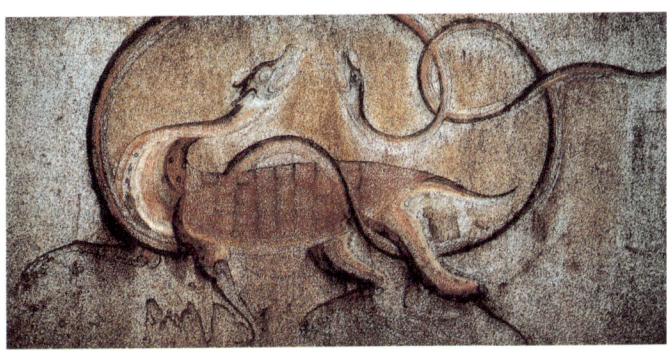

현무

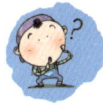 그렇다면 북쪽을 지키는 현무는 어떤 동물이 합해진 모습일까요?

룜 '눔l¿ 昆꿍

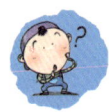 1. 황룡은 어디에 그려져 있었을까요?

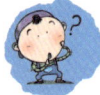 2. 강서대묘에 있는 사신들은 각각 무엇을 상징하고 어느 곳을 지키는 신일까요? 빈 칸에 알맞은 말을 써 넣으세요.

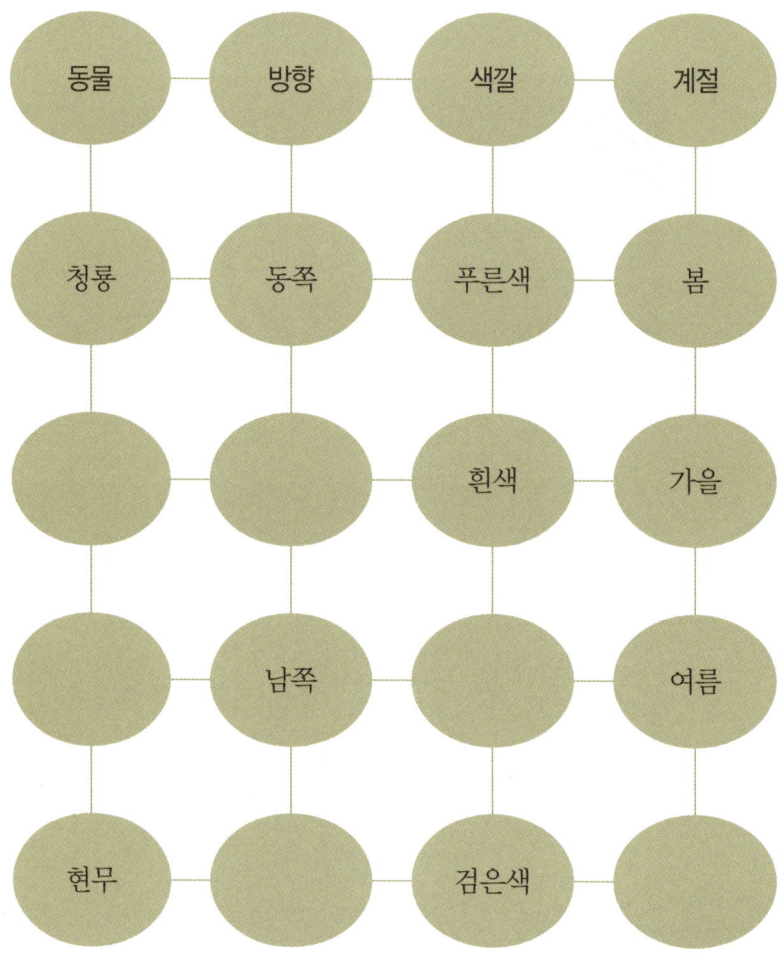

5. 다양한 신들의 모습

고구려에는 많은 신들이 있었어요. 어떤 신들이 있었는지 살펴볼까요?

고구려에는 일을 하는 신들도 있었어요. 신들도 일을 한다고요? 믿어지지 않겠지만 고구려 신들은 모두 일을 했어요. 불꽃을 꺼지지 않게 하는 불의 신, 바퀴를 잘 만드는 수레바퀴 신, 쇠를 잘 다루는 대장장이 신, 농사일을 맡은 농사의 신, 돌을 잘 갈아 주는 숫돌 신(마석신)이 있지요.

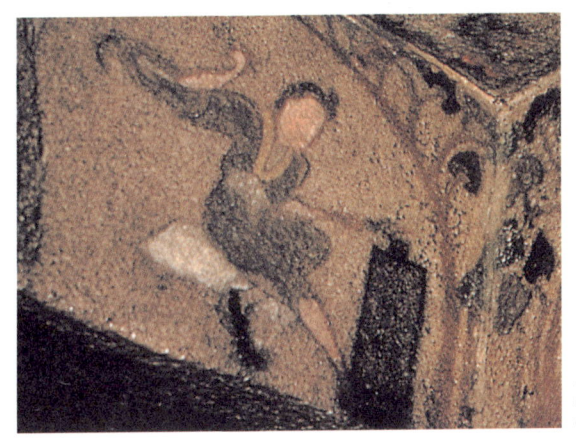

수레바퀴 신

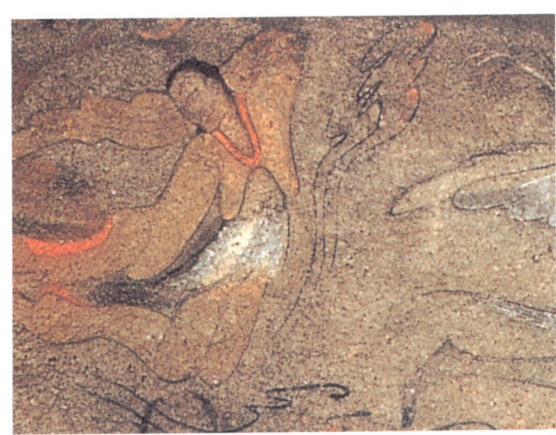

불의 신

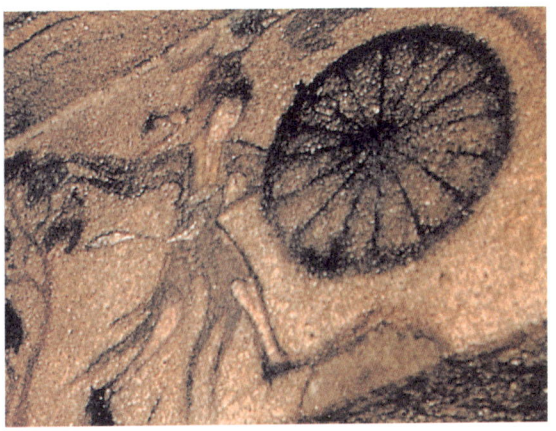

대장장이 신

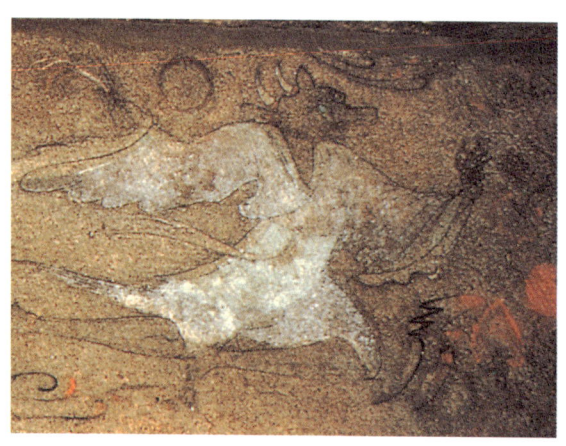

농사의 신

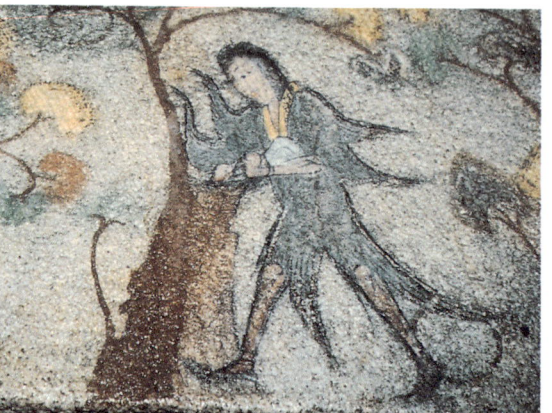

숫돌 신

신들이 일을 시작하려고 하는데 너무 어두워서 어떤 것이 자기 물건인지 찾지 못하고 있어요. 여러분이 바뀌지 않도록 신들의 물건을 찾아 주세요.

벼 이삭 ●	● 불의 신
불꽃 ●	● 수레바퀴 신
수레바퀴 ●	● 대장장이 신
망치 ●	● 숫돌 신
숫돌 ●	● 농사의 신

전쟁을 슬퍼하는 신은 누구일까?

고구려에 수나라가 쳐들어와 전쟁이 벌어졌다고 하자 하늘나라 사람들과 신선들이 놀라서 내려다보고 있어요. 고구려의 벽화에는 선인과 옥녀, 천인, 새, 견우와 직녀도 그려져 있답니다.

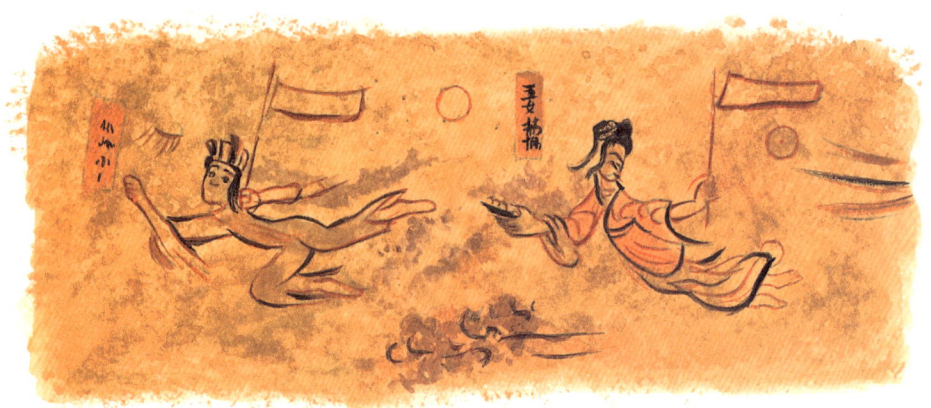

선인과 옥녀, 덕흥리 벽화

덕흥리 고분 벽화에는 선인과 옥녀의 모습이 그려져 있어요. 하늘에 사는 여자 신선을 옥녀, 남자 신선을 선인이라고 불렀지요. 옥녀는 왼손에는 깃발, 오른손에는 떡 쟁반을 들고 있어요. 선인은 깃발을 들고 앞장서고 있군요.

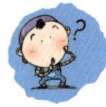 전쟁을 보고 선인과 옥녀는 어떤 행동을 했을까요? 상상해서 자신의 생각을 적어 보세요.

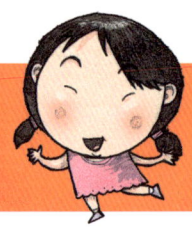

6 요것조것 궁금해요

1. 고구려, 백제, 신라 사람들은 서로 말이 통했을까?

지금 북한과 우리나라는 똑같은 말을 사용하고 있어요. 고구려와 백제, 신라도 지금 우리처럼 말이 통했을까요?

고구려와 신라는 거의 말이 통하지 않았대요. 두 나라 사이에는 20여 개 정도의 비슷한 말이 있었을 뿐이에요. 그러나 백제의 귀족들은 고구려와 같은 언어를 사용했어요. 왜냐하면 백제의 귀족들은 고구려에서 내려온 사람들이었거든요. 고구려의 동명성왕이 유리 왕자에게 왕위를 물려주자 화가 난 온조 왕자가 사람들을 데리고 남쪽으로 내려가 나라를 세우고 나라 이름을 백제라고 했어요. 그 때 같이 내려간 사람들이 백제의 지배층이 되었고, 그래서 백제의 귀족들은 고구려 말을 사용했던 거예요.

2. 고구려는 얼마나 넓었을까?

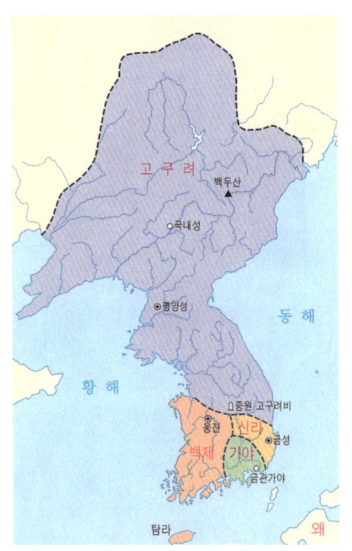

고구려는 서쪽으로는 요동 지역까지, 서남쪽으로는 장수왕 때 백제의 수도인 한성까지 점령했어요. 이 일로 백제는 웅진(지금의 공주)으로 수도를 옮겼어요. 고구려의 전성기인 5세기에는 지도에서처럼 현재의 만주 전역과 연해주 일대, 한반도의 대부분, 그리고 일본

열도의 일부를 포함한 광범위한 지역까지 세력을 뻗쳤어요. 이 당시의 고구려는 스스로를 천하의 질서 수호자이며 천하에서 가장 신성한 나라라고 자부하고 있었답니다.

3. 신라의 무덤에서 고구려의 유물이?

신라의 무덤에서 고구려 그릇이 발견되었다고?

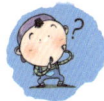

일제 강점기에는 일본인들만이 우리 무덤을 발굴했어요. 1946년 광복 뒤에야 우리 고고학자들이 우리 손으로 무덤을 발굴하기 시작했지요. 우리 손으로 발굴한 첫 번째 무덤이 신라 시대의 옛 무덤인 호우총이에요. 무덤 안에는 호우(壺杅)라는 이름이 붙여진 청동 그릇이 있었어요. 그래서 무덤 이름도 '호우

©국립중앙박물관

총'이 되었어요. 호우는 그릇이라는 뜻이랍니다. 그릇의 뒷면에 '을묘년인 415년, 3년 전 돌아가신 국강상광개토지호태왕을 기념하여 만든 열 번째 그릇'이라는 뜻의 글의 글자가 새겨져 있어요.

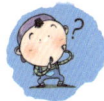

1. 이 그릇의 글사체와 1층 금석문실에 있는 광개토대왕릉비의 글자체를 비교해 보세요. 두 글씨의 모양은 어떻게 다른가요?

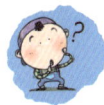

2. 이 그릇을 만든 해(年)는 언제인가요? 그릇에 새겨진 한자를 보고 써 보세요.

왜 신라의 무덤에 묻혔을까?

신라와 고구려가 친하게 지내게 된 것은 내물왕(356~402년) 때부터예요. 그 후 진흥왕(534~579년)이 한강 유역을 공격하기 전까지 고구려 문물이 신라로 들어가게 되었어요. 고구려의 광개토대왕은 400년경 신라가 가야와 왜의 공격을 받아 위험해졌을 때 5만 명의 군사를 급히 파견해 신라를 도와 주었지요. 가야와 왜를 김해와 함안까지 추격하여 신라를 구해 주기도 했고요. 이 일 이후로 신라 사람들은 광개토대왕에게 커다란 고마움을 느꼈어요. 그래서 광개토대왕을 기념하여 만든 그릇이 무덤 속에 묻히게 된 거예요.

청동으로 만든 네 귀 항아리

1921년 경주의 금관총에서 6세기 것으로 보이는 청동 네 귀 항아리가 발견되었어요. 몸통은 기다랗고 목은 짧으며 항아리의 손잡이 네 개가 달려 있어요. 뚜껑의 꼭지는 보주(구슬 모양의 장식)형이에요. 이러한 네 귀 달린 항아리는 고구려 토기의 독특한 형태로 만주 집안 지역의 고구려 옛 무덤에서 많이 나와요. 이 항아리는 고구려에서 만들어져 신라에 전해진 것으로 보여요.

4. 고구려는 왜 멸망했을까?

고구려는 신라와 당나라의 연합군인 나·당 연합군의 공격을 받고 멸망했지만, 실제로는 더 많은 이유가 숨어 있어요. 고구려는 소노, 절노, 순노, 관노, 계루의 5개 부족으로 이루어져 있었어요. 이들은 매우 넓은 지역에 퍼져서 살고 있었는데, 고구려가 힘이 약해지자 다른 나라로 도망치거나 싸움터에서도 쉽게 항복해 버렸어요.

또 하나는 북쪽의 유목 생활에 익숙했던 사람들이 남쪽으로 내려오면서 농사를 지으며 정착해 살아야 하는 환경에 잘 적응하지 못했기 때문이라고도 해요.

고구려의 명맥을 이어받은 발해의 탄생

고구려의 멸망은 굉장한 충격이었어요. 고구려를 멸망시킨 당나라는 고구려 문명을 철저히 파괴하고 살던 곳에서 쫓아내 고구려의 부활을 막으려고 했어요. 하지만 고구려인들은 고구려를 부흥시키기 위해 항쟁을 계속했어요.

마침내 당나라로 끌려갔던 고구려 유민들 가운데 걸걸중상, 대조영 부자가 당나라군을 물리치고 698년 발해를 건국함으로써 고구려를 부흥시키는 데 성공했지요.

발해(698~926년)는 외국에 보낸 국서에서 고려(고구려) 왕이라고 표시하는 등 고구려의 계승자임을 자랑스럽게 내세웠어요. 발해에 이어 왕건이 건국한 고려(918~1392년)도 국호를 고구려를 의미하는 고려라고 했어요.

박물관에서는 어떤 일을 하지?

유물은 어디에서 발굴할까?

전시된 유물들은 무덤 속이나 유적에서 발굴한 것들이에요. 그런데 국립중앙박물관의 유물들은 일제 강점기에 일본 사람들이 우리 무덤을 도굴한 것을 우리가 비싸게 사들인 것이 많아요.

유물은 어디에 전시할까?

유물이 박물관에 들어오면 가장 먼저 크기와 모양을 기록하고 언제 어디에서 발굴되었는지 모두 기록해 두어요. 그 다음에 사진도 찍어요. 수장고에 머물면서 박물관의 환경에 알맞게 적응이 되면 우리가 볼 수 있도록 전시장에 나와요.

부서진 유물들은 어떻게 할까?

발굴할 때 부서진 채로 나오면 그대로 박물관에 가지고 와서 연구원들이 여러 조각들을 모아 원래의 형태를 만들어요. 녹이 너무 많이 슬거나 금방 부서질 것 같은 유물들은 보존 처리를 한 다음 전시하지요.

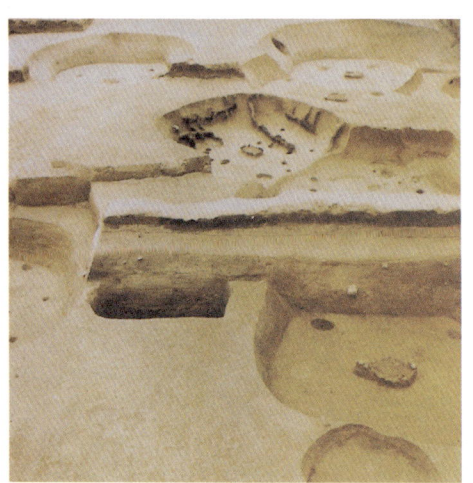

유물 발굴 현장의 모습   ⓒ국립중앙박물관 소장
[중박 200703-127]

알쏭달쏭 십자말풀이

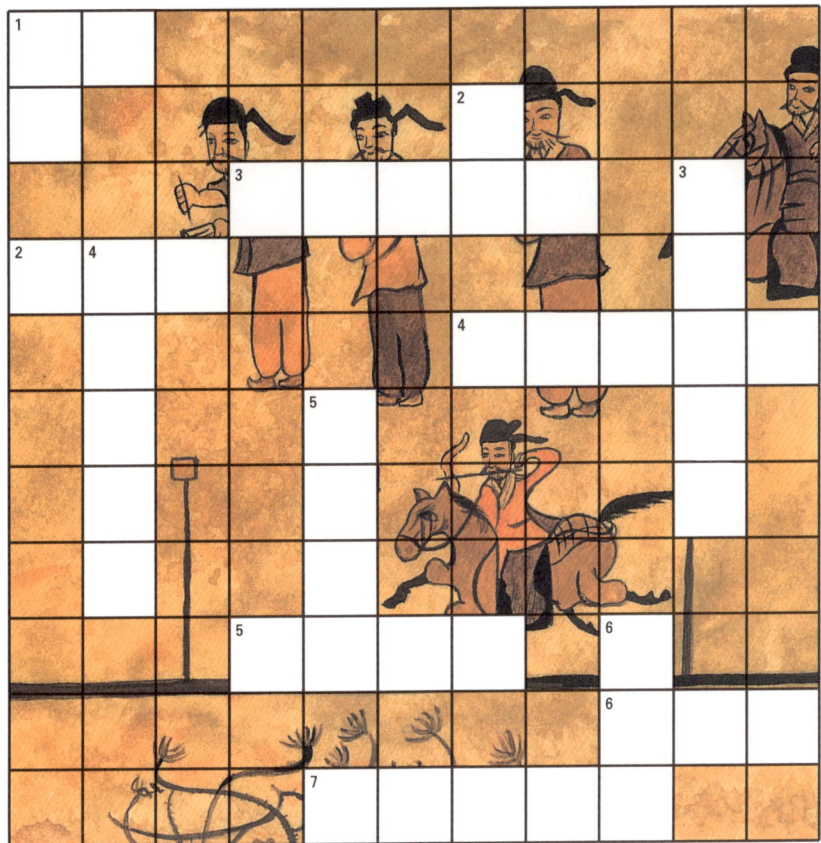

가로 열쇠

1. 활을 잘 쏘는 사람이라는 뜻으로 고구려를 세운 동명성왕의 이름
2. 신라 때의 무덤으로 광개토내왕의 이름이 새겨진 그릇이 나왔다.
3. 시신 위나 시신을 넣은 관 위에 흙을 덮지 않고 돌을 쌓아 올린 무덤. 고구려 초기의 무덤으로 가장 수가 많다.
4. 태양 속에서 산다는 상상의 동물로 고구려를 대표하는 문양
5. 고구려의 시조 동명성왕의 어머니
6. 매를 길들여 사냥하는 사람
7. 고구려의 제19대 왕으로 남북으로 영토를 크게 넓혀 만주와 한강 이북을 차지하는 등 고구려의 전성시대를 이룩한 왕

세로 열쇠

1. 붉은 봉황으로 그려졌고, 무덤의 남쪽을 지키는 신령을 상징하는 동물
2. 북쪽을 지키는 신령을 상징하는 동물로 거북과 뱀이 합해진 모습으로 그려졌다.
3. 금으로 만든 장식으로 네 마리의 상상의 동물이 새겨져 있다.
4. 사람들이 지니는 살림채나 별채의 지붕 모양
5. 무덤 안의 천장이나 벽면에 그려 놓은 그림
6. 고구려 제20대 왕으로 도읍을 국내성에서 평양으로 옮기고 남하 정책을 펼친 왕

정답

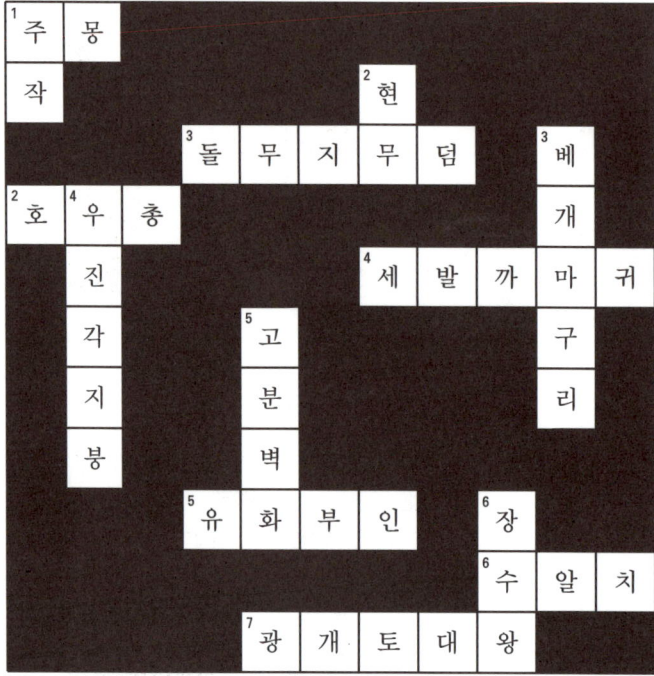

¹주	몽									
작				²현			³베		
		³돌	무	지	무	덤	개		
²호	⁴우	총				⁴세	발	까	마	귀
	진		⁵고				구		
	가		분				리		
	지		벽						
	붕	⁵유	화	부	인		⁶장		
						⁶수	알	치	
		⁷광	개	토	대	왕			

고구려 유물이 전시된 인터넷 박물관

국립중앙박물관 http://www.museum.go.kr
국립민속박물관 http://www.nfm.go.kr
서울대학교박물관 http://museum.snu.ac.kr
이화여자대학박물관 http://museum.ewha.ac.kr
전쟁기념관 http://www.warmemo.co.kr
육군박물관 http://museum.kma.ac.kr
독립기념관 http://www.independence.or.kr
국립대구박물관 http://daegu.museum.go.kr
국립광주박물관 http://gwangju.museum.go.kr

참고도서

김대벽, 신영훈, 『고구려』, 조선일보사, 2004
신형식, 『고구려사』, 이화여자대학교출판부, 2003
서병국, 『펼쳐라 고구려』, 서해문집, 2004
김용만, 『고구려의 발견』, 바다출판사, 1998
반영환, 『한국의 성곽』, 대원사, 2003
한국고대사학회 편, 『고구려의 역사와 문화유산』, 서경문화사, 2004
김삼, 『고구려 문화유적 산책』, 대륙연구소출판부, 1997
전호태, 『고분벽화로 본 고구려 이야기』, 풀빛, 1999